CE LIVRE N'EXISTE PAS

Gary Hayden et Michael Picard

CE LIVRE N'EXISTE PAS

Paradoxes, énigmes mathématiques et énigmes philosophiques

MARABOUT

Traduction et adaptation : Claire Nioche

Conceptio, création graphique et production :
Quid Publishing

Conception graphique de Lindsey Johns
Mise en pages et illustrations de Tony Seddon

Imprimé en Chine

SOMMAIRE

QU'EST-CE QU'UN PARADOXE ?

Vous intriguer, vous rendre perplexe, vous amuser, mais aussi vous informer, vous divertir et chatouiller le petit diable qui sommeille en vous : voilà quelle a été notre intention, en écrivant ce livre sur les paradoxes.

En lisant ces pages, vous serez confrontés aux plus grandes idées de tous les temps, et vous ferez la connaissance des penseurs les plus géniaux de l'histoire. Mais ne vous en faites pas : pour apprécier ce livre, nul besoin de connaissances préalables. Il n'est pas nécessaire que vous soyez un génie en mathématiques pour comprendre les chapitres sur les paradoxes mathématiques. Le but, c'est que chacun s'amuse et se laisse désorienter, aussi bien celui qui est un peu versé dans la philosophie que celui qui n'y connaît pas grand-chose.

Si vous n'avez jamais ouvert un livre de philosophie de votre vie, ce livre vous donnera peut-être envie d'aller mettre votre nez dans les ouvrages de philosophes comme Platon, Descartes, Hume…

Comment définir un paradoxe ?

Au sens le plus courant, un paradoxe est une affirmation d'apparence contradictoire, ou contraire à l'opinion reçue, quoiqu'elle recèle une part de vérité. Au sens large du terme, on dira que toute conclusion plus ou moins surprenante, ou contre-intuitive, est une forme de paradoxe.

Mais si vous cherchez une définition plus philosophique, il sera difficile de trouver mieux que celle du philosophe britannique R.M. Sainsbury, dans son ouvrage Paradoxes (1995) : « Les paradoxes sont des conclusions inacceptables résultant d'arguments apparemment acceptables à partir de prémisses apparemment acceptables ».

Dans ce livre, nous proposons de dire qu'un paradoxe est une conclusion absurde, contradictoire ou contre-intuitive déduite par un raisonnement apparemment valide.

Un certain nombre de ces paradoxes, comme les vraies fausses preuves (pp. 68–69) ou la devinette du dollar manquant (pp. 70–71), ne sont pas très sérieux. Ce ne sont même pas des paradoxes au sens strict du terme (quoiqu'ils entrent dans la définition un peu vague que nous avons donnée : conclusions absurdes dérivées d'un raisonnement apparemment valide.)
Les puristes se scandaliseront peut-être de les trouver ici, mais ces paradoxes sont tellement amusants qu'on ne pouvait pas ne pas en parler.

Que trouverez-vous d'autre au fil de ces pages ? Eh bien, par exemple, la preuve très simple et très succincte du savant italien Galilée qu'il y a moins de nombres au carré (1, 4, 9, 16, 25 et ainsi de suite) qu'il n'y a de nombres entiers naturels (1, 2, 3, 4, 5, etc.). Et il donne en même temps la preuve presque identique qu'il y a autant de nombres au carré que d'entiers naturels.

Vérifiez vous-même le paradoxe de Galilée (pp. 76–77) et vous verrez qu'il est impossible de trouver le défaut de raisonnement ! Donc Galilée démontre que les entiers naturels sont plus nombreux que les nombres au carré ; et il démontre aussi que non. Voilà ce qu'on appelle un paradoxe.

Autre exemple : au 5e siècle avant J.-C., Zénon d'Elée apporte une preuve très élégante que l'athlète le plus rapide ne pourra jamais rattraper la plus lente des tortues (pp. 116–117). Bien sûr, nous savons que c'est absurde. Il est certain que les athlètes peuvent doubler les tortues. Et pourtant, trouver le défaut de l'argument de Zénon est très difficile. Tant et si bien qu'on se dispute encore là-dessus deux mille cinq cents ans plus tard.

Bref, vous trouverez dans ce livre des paradoxes divers et variés, casse-tête aux solutions surprenantes, mais aussi découvertes qui ont changé le monde.

Comment lire ce livre

Impossible de lire passivement ce livre qui n'existe pas. Plus vous vous impliquerez dans la lecture, plus vous vous amuserez, et plus les problèmes seront faciles à résoudre. On vous demandera souvent de vous arrêter et de réfléchir ; mais prenez garde ! il y a des paradoxes qui vont venir se loger dans votre esprit et qui ne cesseront plus de vous tracasser. Certains risquent même de vous faire passer des nuits blanches…

Il y a aussi des expériences de pensée et des défis pour vous dégourdir l'esprit : ne les gardez pas pour vous, pourquoi ne pas les essayer sur vos amis ou sur votre famille et les empêcher de dormir ?

Nous espérons que ce livre sera un bon casse-tête, qu'il va vous exaspérer et vous ravir en même temps. Alors, c'est parti, déliez votre esprit, faites travailler votre cerveau et surtout, amusez-vous bien !

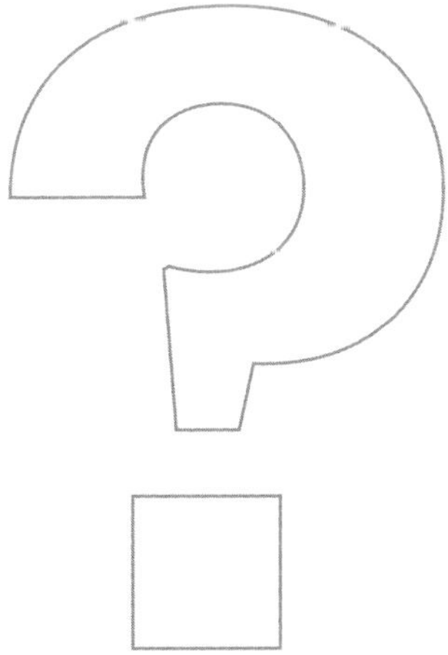

Avant de nous plonger dans les paradoxes, arrêtons-nous un instant pour regarder ce qui nous attend. Ce livre peut être lu de la première à la dernière page, mais ce n'est pas obligatoire. Évidemment, il y a quelque avantage à le lire de façon méthodique, mais vous pouvez aussi piocher dans les pages ou les chapitres comme vous l'entendez. La plupart des paradoxes sont suffisamment denses pour être lus en quelques minutes, mais ils donnent à cogiter pour la journée, la semaine, le mois, l'année, ou toute la vie.

Alors, avant de vous lancer, voici un petit guide de ce qui se trouve dans les différents chapitres.

Savoir et croyance prépare le décollage pour le pays des paradoxes en mettant à l'épreuve ce que vous savez vrai, ou du moins ce que vous pensez être vrai.

Flou et identité tape en plein dans les aires du langage et des idées, et introduit quelques paradoxes classiques de la philosophie dans ce domaine

Logique et vérité pose de fascinantes énigmes concrètes, qui deviennent vite abstraites, et aussi des problèmes étonnants sur la référence et l'appartenance.

Paradoxes mathématiques commence doucement avec quelques énigmes qui laissent perplexe, et leur solution contre-intuitive. Puis on entre dans l'univers vertigineux de l'infini.

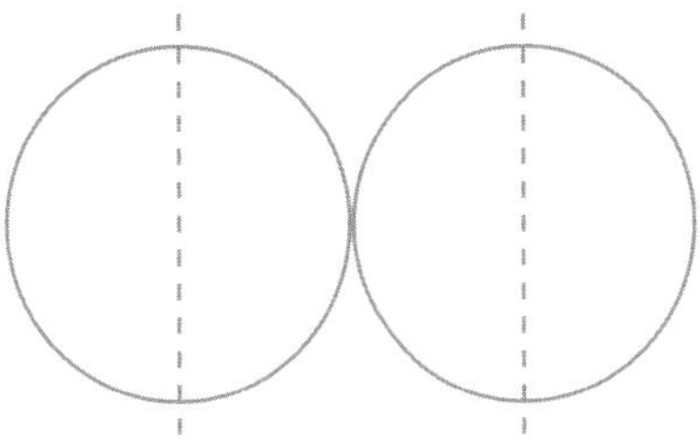

Les impossibilités sont ces choses qui ne peuvent tout simplement pas exister. Et bien, ce chapitre en traite quelques-unes, depuis les illusions optiques populaires jusqu'à la question de savoir de quoi Dieu est capable et de quoi il est incapable.

Paradoxes probabilistes montre combien notre approche des mathématiques concrètes est fragile, et nous amène insensiblement des jeux de hasard au pari rationnel de Pascal sur l'existence de Dieu.

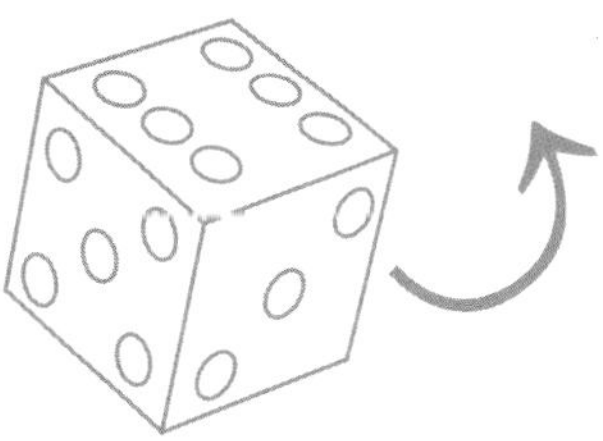

La décision et l'action sont indémêlables dans notre vie de tous les jours. Pourtant il n'est pas toujours si facile de savoir ce qu'il faut décider et ce qu'il faut faire.

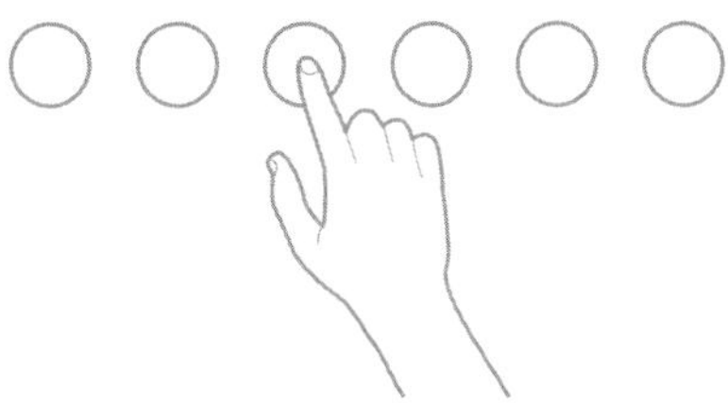

L'espace et le temps explore les choses bizarres qui arrivent quand on commence à diviser le temps et considère aussi les problèmes posés par la possibilité du voyage dans le temps.

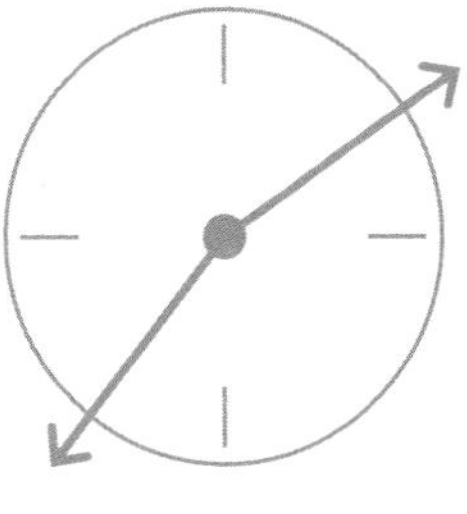

Au gré des chapitres, vous trouverez de petites biographies des philosophes et des scientifiques qui ont beaucoup réfléchi sur les thèmes abordés. Il y a à la fin du livre un index pratique des principaux philosophes, ainsi qu'une sélection de références.

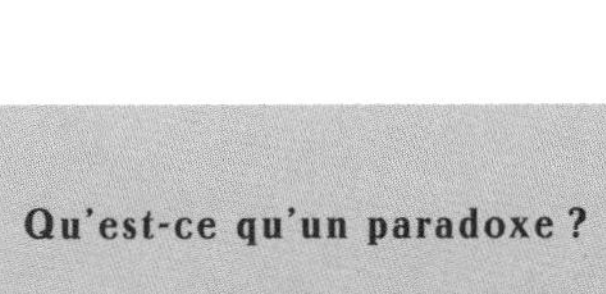

Chapitre

1

Savoir et croyance

Il n'y a rien de plus ressemblant au savoir qu'un semblant de savoir. Comment distinguer le vrai savoir du faux ? Ne demandez pas : « Que savons-nous ? » mais plutôt : « Que faut-il savoir ? Qu'est-ce que savoir ? Qu'est-ce que le savoir ? » Dans ce chapitre, nous observerons les oiseaux, les papillons, les jeux de hasard, les pierres précieuses, les souvenirs ou les rêves – non pas pour en apprendre plus sur ces morceaux de réel mais pour révéler les paradoxes qui quadrillent le champ de l'épistémologie.

DEUX PARADOXES SUR LA CROYANCE

Lors d'une conférence, le philosophe anglais G.E. Moore mit le doigt sur l'absurdité d'une phrase comme « it's raining outside but I don't believe that it is » (il pleut dehors, mais je ne crois pas qu'il pleuve). Quand il entendit cela, Ludwig Wittgenstein (1889-1951) fut très frappé par la nature paradoxale de l'énoncé. Il considéra même que c'était la découverte philosophique la plus importante de Moore, et l'intitula« le paradoxe de Moore ».

À première vue, on ne voit pas très bien de quoi il retourne. À coup sûr, c'est une phrase absurde, mais il y a tellement d'affirmations absurdes ! Qu'a-t-elle donc de spécial ?

Eh bien, d'abord, il est clair que les deux parties de l'affirmation peuvent être vraies simultanément. Il est tout à fait possible que 1) il pleuve dehors, et que 2) je ne croie pas qu'il pleuve. Il n'y a pas là d'absurdité. De plus, je peux affirmer chaque proposition individuellement, sans absurdité. Davantage, il est possible de tenir les deux propositions simultanément, en faisant référence à une troisième personne : « il pleut dehors, mais elle ne croit pas qu'il pleuve ». Et, pour couronner le tout, je peux aussi dire les deux énoncés et faire référence à moi-même à condition que j'emploie le passé : « Il pleuvait dehors, et je ne savais pas qu'il pleuvait. »

Le paradoxe est celui-ci : quoique les deux propositions ne soient pas contradictoires, je ne peux pas, du point de la cohérence, les affirmer en même temps. Mais comment peut-il être contradictoire de dire quelque chose qui, en soi, n'est pas contradictoire ? Pourquoi ne puis-je pas dire « il pleut dehors, mais je ne crois pas qu'il pleuve » ?

Réfléchissez-y avant de poursuivre votre lecture.

Une solution possible

Il n'y a pas de solution définitive au paradoxe de Moore. Le moyen le plus populaire, choisi par Moore lui-même, consiste à dire que toute affirmation *implique* la croyance. En d'autres termes, mon affirmation qu'il pleut implique que je crois qu'il pleut. Mais dans ce cas, « il pleut dehors, mais je ne crois pas qu'il pleuve » s'avère contradictoire, puisque c'est comme de dire : « je crois qu'il pleut dehors, mais je ne crois pas qu'il pleuve ».

Le paradoxe du placebo

Comme le montre le paradoxe de Moore, la croyance joue des tours. Le paradoxe du placebo, inventé par Peter Cave, est une preuve supplémentaire de cette bizarrerie.

On peut le formuler ainsi :

Un produit placebo n'a aucune propriété pharmaceutique ; il ne marche que parce que je crois qu'il en a. Donc ce n'est pas le placebo, mais ma croyance, qui me soigne. Que va-t-il arriver si je sais que je prends un placebo ? Dans ce cas, il ne sera pas efficace. Le placebo me soigne uniquement parce que je crois qu'il va me soigner, mais je ne peux pas croire qu'il va me soigner seulement parce que j'y crois.

On voit les ombres du paradoxe de Moore ici. Je peux croire qu'un placebo va vous soigner seulement si vous-même vous pensez qu'il va vous soigner. Je peux même croire qu'un placebo m'a soigné simplement parce qu'alors j'y croyais. Mais je ne peux pas croire qu'un placebo va me soigner seulement parce que je crois qu'il va me soigner.

LA VOLONTÉ DE CROIRE

Dans mon enfance et jusqu'à presque trente ans, raconte Gary Hayden, j'appartenais à une église dont les membres croyaient que la « prière de la foi » pouvait soigner les malades. C'est triste à dire, mais on n'a jamais vu de guérison de ce genre…
La rareté des miracles était souvent imputée à notre manque de croyance. La Bible ne dit-elle pas : « [Jésus] ne fit pas là beaucoup de miracles, parce qu'ils ne croyaient pas. » (Matt., 13:58).
On nous encourageait donc à nous défaire de notre incrédulité ; et nous faisons vraiment des efforts pour y parvenir. C'était une impasse : Dieu ne ferait pas de miracle tant nous ne croirions pas ; mais nous ne croirions pas tant que Dieu n'aurait pas fait quelques miracles.
Peut-être que je suis cynique. Il est possible de croire à certaines choses à force de volonté. Le mathématicien, philosophe et savant Blaise Pascal le pensait sans doute. (Voyez pp. 108-109.)

Portrait

RENÉ DESCARTES

« Il y a déjà quelque temps que je me suis aperçu que, dès mes premières années, j'avais reçu quantité de fausses opinions pour véritables, et que ce que j'ai depuis fondé sur des principes si mal assurés, ne pouvait être que fort douteux et incertain… »
Descartes, *Méditation I*

René Descartes (1596-1650) vécut à une époque de grande effervescence intellectuelle. Les études étaient contrôlées par l'Église, et les institutions religieuses proposaient un cursus qui s'appuyait surtout sur l'autorité des textes anciens, comme la Bible et les ouvrages d'Aristote.

À la même époque une conception moderne et scientifique du savoir commença à s'affirmer, mettant l'accent sur la liberté d'enquête et sur des recherches menées par soi-même. Beaucoup de vieilles « certitudes » (par exemple, que le soleil tourne autour de la Terre), commencèrent alors à s'effondrer.

Descartes fut un philosophe, un mathématicien, et un savant de premier ordre. Il prit conscience des défauts de sa première éducation, qui l'avait conduit à tenir pour vraies des choses qui s'étaient ensuite révélées fausses.

Il ne voulait plus refaire les mêmes erreurs. Il se fixa comme tâche de fonder une nouvelle méthode scientifique sur des bases solides. Il se voyait lui-même comme le maître d'œuvre d'un vaste chantier: mettre à bas les vieilles constructions en train de s'écrouler pour construire un nouvel édifice du savoir sur des fondations inébranlables.

Le doute méthodique

Pour parvenir à son objectif, Descartes pratiqua ce que l'on appelle le doute méthodique. Il rejeta systématiquement toutes ses anciennes certitudes à propos desquelles il avait le plus léger doute. Il espérait que cela le conduirait à un savoir indubitable, fondement des sciences nouvelles.

Le doute méthodique progresse en trois étapes, de plus en plus radicalement.

Étape N° 1 : Les sens sont trompeurs

« Tout ce que j'ai reçu jusqu'à présent pour le plus vrai et assuré, je l'ai appris des sens, ou par les sens : or j'ai quelquefois éprouvé que ces sens étaient trompeurs… »

Les sens nous trompent parfois. Par exemple, quand elle est plus près de l'horizon, la lune nous semble plus grosse ; la grande chaleur peut faire qu'une route sèche paraisse mouillée, une pièce de monnaie ronde est ovale vue sous un certain angle, etc. C'est pourquoi nous ne devons pas toujours nous fier au témoignage de nos sens. Ceci dit, il est certain que certaines observations sont fiables. Par exemple, pouvez-vous réellement douter d'être en train de lire ces lignes?

Étape N° 2

« Toutefois, je suis homme, et par conséquent j'ai coutume de dormir et de me représenter en mes songes les mêmes choses, ou quelquefois de moins vraisemblables, que lorsque je veille.»

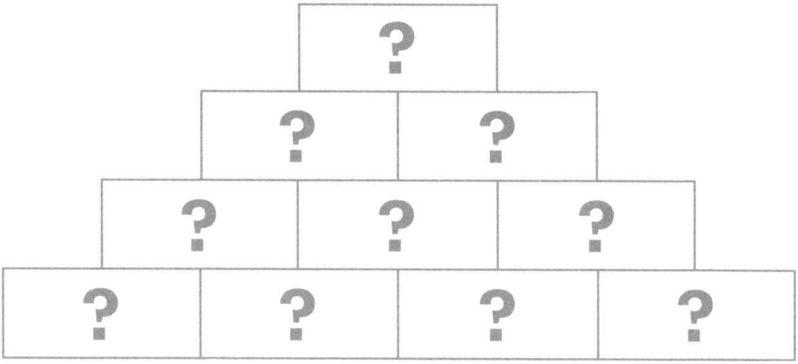

En y réfléchissant bien, votre croyance que vous êtes là en train de lire ce livre pourrait n'être qu'une illusion. Vous êtes peut-être en train de dormir. Nos rêves sont parfois si réalistes : comment pouvez-vous être absolument sûr que vous n'êtes pas en train de dormir et de rêver que vous lisez ce livre ?

Il n'y a pas de critère infaillible pour distinguer les états de veille et de sommeil. Ainsi, vous ne pouvez pas être absolument certain que ce que vous êtes en train de vivre est véridique.

Mais mettons que vous soyez en train de rêver, ce qui est sûr, c'est que vos rêves ne peuvent être formés « qu'à la ressemblance de quelque chose de réel et de véritable ». Peut-être que vous n'êtes pas en train de tenir ce livre dans votre main à ce moment précis. Mais il doit exister quelque chose comme des mains et des livres. Sinon, comment pourriez-vous rêver de cela ?

Étape N° 3 : Le Malin génie

« Je supposerai donc qu'il y a (…) un certain mauvais génie, non moins rusé et trompeur que puissant qui a employé toute son industrie à me tromper. »

Mais alors, encore une fois, tout n'est peut-être qu'illusion ? Quelque démon ou « malin génie » manipule peut-être votre esprit, introduisant en vous des pensées qui n'ont aucun fondement dans la réalité.

Les mains, les livres, ou les arbres, les couchers de soleil, les couleurs, les formes… et si rien de tout cela n'existait ? Peut-être que le malin génie vous mène en bateau, et que même les choses dont vous êtes le plus certain (que 1 et 1 font 2) sont de pures illusions.

Mais si je n'écarte pas cette éventualité, puis-je être certain de quoi que ce soit ? Tout n'est-il pas rongé par le doute ?

Je pense, donc…

Insistons sur le fait que Descartes ne croyait pas sérieusement à l'hypothèse du malin génie. Il utilisa le doute hyperbolique comme un instrument pour mener une expérience de pensée et pour voir s'il existait un savoir qui résiste au doute.

Et il a trouvé quelque chose ! La seule chose dont il ne pouvait douter était sa propre existence, parce que l'acte même de penser, de douter ou même d'être trompé présuppose l'existence.

Descartes condensa cette intuition simple mais magnifique en une formule, devenue l'une des plus célèbres de la philosophie : « Je pense, donc je suis ».

Ayant enfin trouvé le fondement certain qu'il cherchait, Descartes continua sa reconstruction de tout l'édifice du savoir. C'est ce que vous pouvez lire dans ses très belles *Méditations métaphysiques*.

LE RÊVE DU PAPILLON

« Un jour, moi, Zhuangzi, je fis un rêve. Je rêvai que j'étais un papillon. Je volais çà et là, heureux de mon sort de papillon. J'avais seulement conscience d'être un papillon, je n'avais pas conscience d'être un homme. Mais je me réveillai soudain, et à nouveau j'étais moi-même, Zhuangzi. Depuis, je ne sais plus si j'ai rêvé que je suis papillon, ou je suis un papillon en train de rêver que je suis un homme. »

La vie n'est qu'un rêve

Zhuangzi méditait sur le rêve du papillon au 4e siècle avant J.-C. À la même époque, à Athènes, Platon (428-348 avant J.-C.), se débattait avec le même problème. Dans son dialogue *Théétète*, Socrate dit : « Dormons-nous et rêvons-nous ce que nous pensons, ou sommes-nous éveillés et conversons-nous réellement ensemble ? Tu vois donc qu'il n'est pas difficile de soulever une controverse là-dessus, alors qu'on se demande même si nous sommes éveillés ou si nous rêvons. De plus, comme le temps où nous dormons est égal à celui où nous sommes éveillés, dans chacun de ces deux états notre âme soutient que les idées qu'elle a successivement sont absolument vraies, en sorte que, pendant une moitié du temps, ce sont les unes que nous tenons pour vraies et, pendant l'autre moitié, les autres, et nous les affirmons les unes et les autres avec la même assurance. »

Le réel et l'irréel

Et si les choses pouvaient être à la fois réelles *et* irréelles ?

Cette possibilité fut envisagée par le physicien autrichien Erwin Schrödinger, au moyen d'une expérience de pensée connue sous le nom d'expérience du chat de Schrödinger. Dans ce paradoxe célèbre, Schrödinger imagine qu'on enferme un chat dans une boîte, avec un dispositif dans lequel un événement subatomique aléatoire comme la désintégration d'un corps radioactif, libère un gaz mortel. Selon l'interprétation de Copenhague de la physique quantique, à une échelle infime, une particule n'existe pas seulement dans un état donné, mais dans une combinaison de tous les états possibles. L'état ne peut être défini que quand il est observé. À partir de là, Schrödinger imagine cette situation bizarre dans laquelle, tant que la boîte n'est pas ouverte, le chat est *simultanément* vivant et mort.

Cette expérience est souvent considérée comme une réfutation par l'absurde (pp. 72-73) de l'interprétation de Copenhague. Plus souvent, on en fait l'illustration de l'étrangeté de penser les choses au niveau quantique, et de la difficulté d'application à une échelle plus grande.

PAUSE RÉFLEXION

Peut-être que Socrate est un rien espiègle dans son argument, mais il pose des questions très intéressantes.

- Comment pouvons-nous être sûrs que ce que nous appelons «réalité» n'est pas un rêve, et que ce que nous appelons «rêves» n'est pas la réalité?
- Se pourrait-il que la vie tout entière soit un songe, et que ce que nous appelons nos rêves soient des rêves à l'intérieur d'un rêve?

Dans une note de la première Méditation, Descartes (voyez pp. 14-15) écrit: «je vois si manifestement qu'il n'y a point d'indices concluants par où l'on puisse distinguer nettement la veille d'avec le sommeil, que j'en suis tout étonné». Quelque chose lui aurait-il échappé? Avez-vous un moyen de faire savoir avec une certitude absolue si vous dormez ou si vous êtes réveillé, à l'instant même ?

LES BEATLES

À la fin des années 70, ado, j'étais un fan des Beatles. À l'époque, cela faisait presque 10 ans que les Fab Four s'étaient séparés. Donc j'aimais leur musique, mais je ne connaissais presque rien de leur vie.

Une nuit, j'ai rêvé que j'étais en train de regarder un documentaire à la télévision, qui disait que John, Paul, George et Ringo, en plus d'être des stars de la pop, avaient été footballeurs professionnels dans l'équipe de Liverpool. (Je vois encore le documentaire les filmant en train de courir sur le stade.) Ce qui est amusant, c'est que pendant des semaines, je n'aurais pas su dire si j'avais rêvé ou non. Bien sûr, il n'était pas très probable que les Beatles aient été footballeurs de haut niveau. Mais, encore une fois, le rêve – si c'était un rêve – paraissait tellement vrai!

Depuis, j'ai appris que les Beatles n'ont jamais été footballeurs professionnels. Donc je sais que c'était un rêve.

Sauf, bien sûr, si j'ai seulement rêvé que j'ai appris qu'ils n'avaient jamais été footballeurs !

LA LOTERIE

Imaginons un jeu de loterie avec un million de tickets. Il est extrêmement peu probable qu'un numéro donné gagne ; donc nous pouvons légitimement penser qu'il va perdre. Le raisonnement s'applique à chacun des tickets. Donc nous pouvons légitimement penser que chaque ticket va perdre, alors que nous savons qu'il y en a un qui va gagner…

Notre premier mouvement est d'écarter ce paradoxe avec un haussement d'épaules. On dirait que c'est un pur jeu de mots. Le passage de « il est extrêmement peu probable qu'un numéro donné gagne » à « donc nous pouvons légitimement penser qu'il va perdre » semble un peu rapide, c'est le moins qu'on puisse dire.

Mais pourtant, comme tant d'énigmes philosophiques, celle-ci demande qu'on y regarde de plus près. Creusons un peu…

Croyance justifiée

Dans quelle mesure la certitude est-elle nécessaire pour qu'une croyance soit justifiée ? Ou, pour le dire autrement, jusqu'où la croyance peut-elle supporter la possibilité de l'erreur ? Par exemple, tandis que je suis en train d'écrire ceci, je suis dans un café à Hô-Chi-Minh-Ville, au Vietnam, en train de boire un coca light. Je sais que c'est un coca light, puisque c'est ce que j'ai commandé, et que j'ai une cannette de coca light.

Personne ne contestera que j'ai raison de croire que je suis en train de boire du coca light. Et pourtant, je pourrais me tromper. Les ouvriers de l'usine pourraient avoir rempli ma cannette de coca normal par erreur. Ou peut-être que ce café de Saïgon vend du faux coca sucré dans de vraies cannettes de coca light. Il est même possible que je sois en train de rêver que je suis en train de boire du coca light (voyez pp. 15-17).

Toutes ces éventualités sont assez improbables : la probabilité que je me trompe est, disons, d'un sur un million. Dans ce cas, il est justifié que je croie boire du coca light, même s'il y a une chance sur un million que je me trompe.

Retour à la loterie

Donc il y a une chance sur un million que ce que je bois ne soit pas du coca light, de même qu'il y a une chance sur un million qu'un ticket de loterie donné gagne. Puisque ma croyance que je suis en train

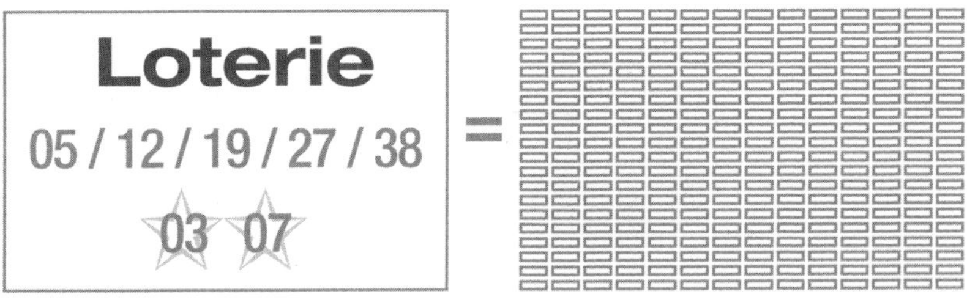

de boire du coca light est justifiée, alors ma croyance qu'un ticket de loterie va perdre l'est tout autant.

À présent, nous pouvons peut-être réfléchir au paradoxe de la loterie avec un intérêt renouvelé. Après tout, il semble justifié de croire que chacun des tickets de loterie va perdre, alors même que nous savons que l'un d'entre eux doit être gagnant. Ainsi, notre croyance est à la fois infondée et justifiée en apparence.

Réfléchissons un peu

Il y a deux solutions possibles au paradoxe de la loterie. Lequel préférez-vous ?

Premièrement, nous pouvons nier qu'un ticket donné soit perdant. Contrairement à ce que dit le paradoxe, on ne peut pas justifier la croyance selon laquelle tel ticket donné va perdre. D'ailleurs, personne n'y croit. C'est même plutôt l'inverse : chacun sait que chaque ticket de loterie a une chance, même infime, de gagner. Sinon, les gens ne joueraient pas.

Ceci résume parfaitement le paradoxe mais soulève une question. Comment se fait-il que je ne puisse prétendre savoir qu'un ticket sera perdant, tandis que je peux prétendre savoir que je suis en train de boire du coca light ? N'y a-t-il un risque d'erreur égal dans les deux cas ?

Par ailleurs, nous pouvons resserrer les critères de connaissance. Le paradoxe de la loterie repose sur l'affirmation qu'une croyance peut être justifiée même s'il y a une probabilité d'erreur. Ainsi, pour éviter le paradoxe, nous durcissons la règle jusqu'à dire qu'une croyance ne peut être justifiée (nous ne pouvons savoir quelque chose) que s'il n'y a aucune possibilité d'erreur.

Cela permet d'éviter le paradoxe – mais à quel prix ! Cela veut dire qu'il y a peu de chose, si ce n'est rien, dont nous pouvons être sûrs. Cette idée se trouve chez Descartes (voyez pp. 14-15).

DAVID HUME

L'Écossais David Hume (1711-1776) est reconnu par tous comme l'un des plus grands philosophes. Il s'intéressait passionnément aux questions que les philosophes appellent épistémologiques – c'est-à-dire des questions sur ce que nous pouvons connaître et comment nous le connaissons.

Son œuvre, comprenant un *Traité de la nature humaine* et un ouvrage posthume, les *Dialogues sur la religion naturelle*, eut beaucoup d'influence et se lit avec délices.

Les relations d'idées et les choses de fait

«Tous les objets de la raison humaine ou de la recherche peuvent naturellement être répartis en deux genres, à savoir les *Relations d'Idées* et *Les Choses de Fait.*» (Hume, *Enquête sur l'entendement humain*).

Selon Hume, il existe deux – et seulement deux – champs valides d'enquête humaine: les relations d'idées et les choses de fait. L'arithmétique, la géometrie, l'algèbre ont à voir avec les relations d'idées. Les affirmations arithmétiques comme «deux plus trois égale cinq» peuvent être connues et comprises par un procédé de pensée pure, puisqu'elles ne font qu'exprimer des relations entre des nombres. De même, des propositions géométriques comme «la somme des angles d'un triangle est égale à 180°» ne font qu'exprimer des relations entre des concepts comme «angle», « triangle », etc. De telles vérités peuvent être connues avec une absolue certitude, et ne peuvent être niées sans contradiction.

Les choses de fait, au contraire, ne sont pas des affirmations portant sur des idées, mais sur le monde. Par exemple, « le soleil est plus gros que la lune », « une pierre qu'on lâche tombe » et « cette encre est noire ».La seule manière d'établir la vérité ou la fausseté d'une chose de fait est d'enquêter pour voir comment sont les choses dans le monde. Une spéculation philosophique abstraite ne pourra jamais établir que « cette encre est noire ».

Contrairement aux relations d'idées, qui peuvent être prouvées par démonstrations, les choses de fait (empiriques) ne peuvent être connues avec une parfaite certitude.
Il y a toujours la possibilité, si minime qu'elle soit, de se tromper.

La maxime de Hume

Ceci nous amène à un principe important pointé par Hume. Quand nous sommes en présence de ce qui pourrait être un élément de savoir, nous pouvons nous demander : « se déduit-il de relations d'idées ? » et « est-ce une chose de fait, empirique ? » Si la réponse aux deux questions est non, alors il ne s'agit pas d'un savoir véritable, aussi savant que cela en ait l'air.

Ce principe simple mais puissant a conduit Hume à rejeter toutes les abstractions philosophiques concernant des problèmes comme la nature de Dieu et l'existence de l'âme. « Si nous prenons en main un volume quelconque, de théologie ou de métaphysique scolastique, par exemple, demandons-nous : *contient-il des raisonnements abstraits sur la quantité et le nombre ?* Non. *Contient-il des raisonnements expérimentaux sur les choses de fait et d'existence ?* Non. Confiez-le donc aux flammes, car il ne peut contenir que sophismes et illusions. »

Le problème de l'induction

L'une des contributions les plus importantes de Hume à la philosophie est l'identification de ce qu'on appelle le problème de l'induction, qui embarrasse les philosophes depuis toujours.

L'induction est un type de raisonnement qui cherche des lois générales à partir de l'observation de faits particuliers. Par exemple, après avoir observé un grand nombre de cygnes, tous blancs, un raisonnement inductif va nous amener à la conclusion que tous les cygnes sont blancs. L'induction nous permet aussi de prédire des événements futurs sur la base d'expériences passées. Par exemple, dans le passé, le soleil s'est levé chaque matin ; c'est pourquoi nous pouvons prédire qu'il se lèvera demain.

Sans l'induction, la vie de tous les jours serait impossible. On n'aurait pas de raison d'attendre que la nourriture nourrisse, que l'eau étanche la soif, ou que le feu brûle.

Mais le point est que l'induction n'est pas fiable à 100 %. Même si nous avons vu beaucoup de cygnes blancs, cela ne garantit pas qu'il n'en existe pas de noir. Peut-être que le soleil s'est levé tous les jours précédents, mais cela ne prouve pas qu'il se lèvera demain.

Le problème de la pensée par induction, c'est qu'elle tient pour acquis que le futur va ressembler au passé. Mais nous ne pouvons en être absolument sûrs, même si nous le croyons. Nous ne pouvons justifier cette croyance par aucun raisonnement.

On essaie parfois de justifier la méthode inductive en s'appuyant sur le fait que cela s'est toujours vérifié dans le passé. Mais ce n'est que redoubler la question. On ne peut pas justifier la croyance que le futur ressemblera au passé en disant seulement qu'il en a toujours été ainsi par le passé !

ORNITHOLOGIE EN CHAMBRE

Ce paradoxe a été mis en évidence par le philosophe des sciences allemand Carl Gustav Hempel (1905-1997), et on lui donne plusieurs noms : tantôt paradoxe de Hempel, tantôt paradoxe des corbeaux, ou paradoxe de l'ornithologie en chambre.

Compter les corbeaux

Une femme scientifique, Martha, souhaite examiner l'hypothèse « tous les corbeaux sont noirs ». Alors elle part à la recherche de corbeaux. À chaque fois qu'elle en trouve un, et qu'il est noir, elle se sent confortée dans son hypothèse. C'est la méthode inductive par excellence (voyez p. 21).

Chaque vision d'un corbeau noir est ce que les scientifiques appellent une instance de confirmation de l'hypothèse. Plus il y a d'instances de confirmation, plus l'hypothèse est probable (pourvu, bien sûr qu'aucun corbeau vert, bleu, jaune ou blanc ne vienne troubler l'expérience).

Jusque-là tout va bien. Mais ensuite cela devient intéressant…

Ornithologie en chambre

La proposition « tous les corbeaux sont noirs » est logiquement équivalente à la proposition « tous les objets non-noirs sont des non-corbeaux ». En d'autres termes, ces propositions disent exactement la même chose, mais de deux manières différentes.

Donc chaque instance de confirmation de « tous les objets non-noirs sont des non-corbeaux » doit aussi valoir comme une instance de confirmation de « tous les corbeaux sont noirs ». Ce fait en apparence anodin a des conséquences étonnantes, comme on va le voir.

Un stylo bleu est à la fois non-noir et non-corbeau. Donc c'est une instance de confirmation de « tous les objets non-noirs sont des non-corbeaux ». Mais alors c'est aussi une instance de confirmation de « tous les corbeaux sont noirs ».

Voilà une bonne nouvelle pour Martha. Les jours de pluie, elle pourra poursuivre sa recherche ornithologique sans abandonner le confort de son bureau. Le stylo bleu sur sa table confirme que tous les corbeaux sont noirs, de même que le trombone métallique, la feuille blanche, le crayon jaune, et la règle en plastique transparent.

Le paradoxe des corbeaux

Et le voilà, le paradoxe. Un stylo bleu confirme que « tous les objets non-noirs sont des non-corbeaux », et confirme par là la proposition équivalente « tous les corbeaux sont noirs ». Mais c'est absurde. Comment un stylo bleu pourrait-il peser sur une hypothèse portant sur la couleur des corbeaux ?

Le raisonnement inductif nous embrouille et nous conduit à un paradoxe, soulignant une fois de plus le problème de l'induction.

Une réponse populaire consiste à souligner que chaque objet non-noir et non-corbeau confirme l'hypothèse que « tous les corbeaux sont noirs » ; c'est juste que c'est un degré de confirmation très, très faible, puisque le nombre d'objets non-noirs est infiniment plus grand que le nombre de corbeaux.

PETITES QUESTIONS À SE POSER

Imaginez le scénario suivant. Martha est dehors en train de poursuivre ses recherches. Elle assiste à un meurtre de corbeaux et elle est horrifiée en voyant qu'il y a un oiseau blanc qui ressemble à un corbeau parmi eux. Les mains tremblantes, elle saisit ses jumelles et fait la mise au point sur l'oiseau ; elle est soulagée de voir que ce n'est pas du tout un corbeau, mais juste un autre oiseau, de la même taille.

- Pourquoi l'oiseau blanc solitaire est-il plus important pour la recherche de Martha que tous les autres corbeaux qui l'accompagnent ?
- Est-ce que la découverte que l'oiseau non-noir est un non-corbeau aide Martha à confirmer son hypothèse que tous les corbeaux sont noirs ?

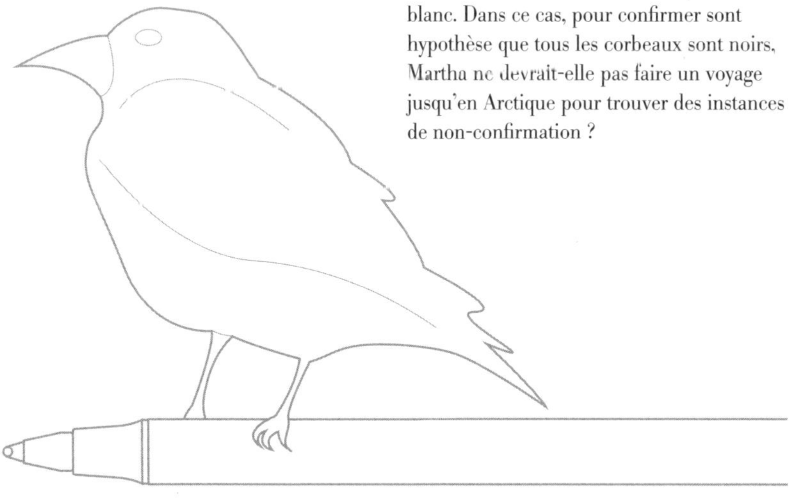

Peut-être qu'il y a quelque chose à garder dans cette réponse. Il est vrai que si pouvions examiner tous les objets non-noirs du monde, et confirmer que ce sont des non-corbeaux, nous aurions la preuve conclusive que tous les corbeaux sont noirs.

Instances de non-confirmation

Une leçon que nous pouvons tirer de cette discussion est : justifier une hypothèse requiert davantage que l'accumulation d'instances de confirmation. Un savoir plus large doit aussi, en arrière-plan, guider nos observations.

Par exemple, personne ne prendrait l'hypothèse de Martha au sérieux si elle était fondée uniquement sur des observations faites autour de sa maison. Pour être crédible, sa recherche doit tenir compte qu'il y a plusieurs espèces de corbeaux dans différentes parties du monde, et certaines de ces espèces se sont peut-être adaptées à leur environnement.

S'il existait un corbeau de l'Arctique (cela n'existe pas), on pourrait raisonnablement s'attendre à ce qu'il soit blanc. Dans ce cas, pour confirmer sont hypothèse que tous les corbeaux sont noirs, Martha ne devrait-elle pas faire un voyage jusqu'en Arctique pour trouver des instances de non-confirmation ?

UN PROBLÈME TRÈS VLEU

Comme nous l'avons vu plus haut, l'induction est un raisonnement qui cherche à tirer des conclusions générales à partir d'observations particulières. Mais l'induction n'est pas infaillible : voici encore un autre problème posé par le raisonnement inductif.

Science et induction

Les scientifiques s'appuient sur l'induction pour formuler leurs théories. Pas de science sans induction. Par exemple, on a observé un nombre incalculable de fois que de l'hydrogène dans un tube à essai fait « pop » quand on l'approche de la flamme : d'où la règle générale « l'hydrogène brûle avec une explosion ». C'est le test habituel pour détecter l'hydrogène.

Mais l'induction n'est absolument pas infaillible, comme le montrent le problème de l'induction (p. 21) et le paradoxe des corbeaux (pp. 22-23). Et comme si cela ne suffisait pas, la bonne vieille méthode par induction doit relever un troisième défi, lancé par le philosophe Nelson Goodman (1906-1998), et connu sous le nom de « paradoxe de Goodman ».

Les émeraudes sont-elles vertes ou vleues ?

Vleu est un mot inventé : une chose est vleue si et seulement si, examinée avant 2020, on a remarqué qu'elle est verte, ou n'a pas été examinée avant 2020, et est bleue.

Imaginons qu'avant 2020, on examine plein d'émeraudes et qu'on remarque qu'elles sont toutes vertes. Ces observations confirment l'hypothèse que toutes les émeraudes sont vertes. On peut alors prédire que toutes les émeraudes trouvées après 2020 seront vertes.

Mais les mêmes observations confirment l'hypothèse que toutes les émeraudes sont vleues, au sens où on l'a défini. Alors, on peut prédire que toutes les émeraudes trouvées après 2020 seront bleues.

Voilà le problème : on utilise un raisonnement inductif pour prédire que toutes les émeraudes trouvées après 2020 seront vertes ; et on utilise un raisonnement inductif pour prédire que toutes les émeraudes trouvées après 2020 seront bleues.

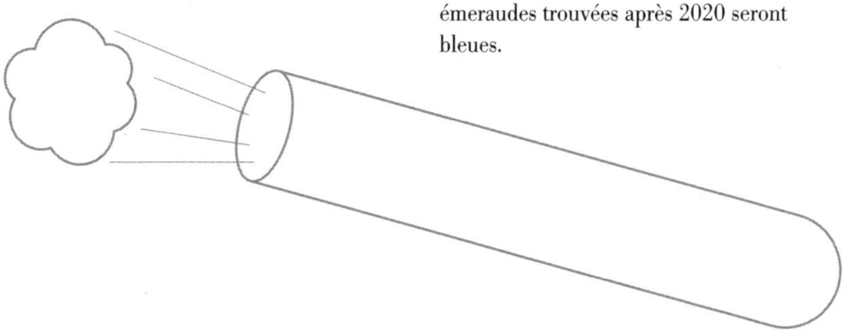

Donc, en plus du traditionnel problème de l'induction posé par Hume, nous avons maintenant le paradoxe de Goodman qui démontre que nous pouvons recourir à un raisonnement inductif pour parvenir à des prédictions entièrement différentes à partir des mêmes données de départ.

Où est le problème ?

Les deux hypothèses verte/vleue ne peuvent pas être toutes les deux correctes. On ne peut pas dire « toutes les émeraudes sont vertes » et « toutes les émeraudes sont vleues ».

De toute évidence, l'hypothèse que toutes les émeraudes sont vertes est la plus raisonnable. Il serait absurde de soutenir l'autre hypothèse. Mais pourquoi ? Qu'est-ce qui fait qu'on peut dire « toutes les émeraudes observées sont vertes, donc toutes les émeraudes sont vertes », alors qu'il semble ridicule de dire « toutes les émeraudes observées sont vleues, donc toutes les émeraudes sont vleues » ?

Une réponse de bon sens serait de dire que « vleu » est une pure invention de langage, artificielle, peu maniable et plutôt stupide pour accoler les concepts de bleu et de vert. Alors, personne ne songerait à faire les hypothèses que « toutes les émeraudes sont vleues ».

Le vert et le bleu sont des propriétés fondamentales que tout le monde (ayant une vue normale) connaît et comprends. C'est pourquoi cela a du sens de les utiliser quand on généralise ou qu'on fait des prédictions sur le monde.

Vleu, au contraire, n'est pas quelque chose qui pourrait entrer dans nos hypothèses, parce que nous n'avons aucune raison de supposer que la vleuité est un trait du monde que nous habitons.

Les philosophes emploient parfois le terme de « sortes naturelles ». Une sorte naturelle renvoie à un ensemble d'objets, ensemble formé naturellement et non artificiellement ; ou encore cela renvoie à une propriété commune à des objets qui va servir à constituer de tels ensemble naturels. Ainsi, vert et bleu sont des sortes naturelles, et pas vleu.

Nous pouvons peut-être résoudre le paradoxe vleu en insistant sur le fait que l'induction scientifique n'est appropriée que pour les sortes naturelles.

Exercice

1 Le paradoxe des 3/8

PROBLÈME

Agnès, Béatrice et Chloé tiennent un salon de beauté ouvert vingt-quatre heures sur vingt-quatre.
Au moins une des associées doit être présente en permanence.
Toutefois, Béatrice ne travaille qu'avec Agnès et Chloé ne travaille jamais sans l'une des autres associées. Chloé se plaint d'avoir toujours à travailler. Mais son raisonnement est faux. Finalement, c'est la pauvre Agnès qui ne peut y échapper.
Essayez de démontrer par vous-même que Chloé doit toujours être présente au salon, et montrez ensuite par où cet argument pèche, c'est-à-dire usez de logique pour libérer Chloé.
Pour finir, prouvez qu'Agnès, comme une prisonnière, doit être présente à chaque instant au salon de beauté.

MÉTHODE

Pour justifier sa plainte, Chloé avance le raisonnement suivant. Voyons si vous trouvez l'erreur.

Chloé sait qu'au moins une des trois associées doit être présente au salon à chaque instant. Elle remarque aussi que si elle est absente et Agnès aussi, Béatrice doit rester. Mais Béatrice ne travaille qu'avec Agnès. Si Agnès est absente, Béatrice le sera aussi. « Si je suis absente du travail, raisonne Chloé, il y aura un problème logique ; car si Agnès est absente, Béatrice doit en même temps rester et partir. Elle doit rester, car elle doit être là si Agnès et moi sommes absentes ; mais en même temps elle doit partir, puisqu'elle ne travaille pas sans Agnès. »

Le raisonnement de Chloé a la forme suivante :

Si Chloé est absente et Agnès aussi, Béatrice doit travailler (quelqu'un doit rester).

Si Agnès est absente, Béatrice l'est aussi (Béatrice ne travaille qu'avec Agnès).

Soit C = Chloé est absente. A = Agnès est absente. B = Béatrice est absente (tel que non-B = Béatrice est présente au travail), nous avons :

Si C et si A, alors non-B.
Si A, alors B.

Une contradiction apparaît si Agnès est absente (si A), car alors il semble que Béatrice doit travailler et doit être absente, ce qui est impossible.

C'est le problème logique que Chloé essaye de résoudre en tirant la conclusion qu'elle doit toujours travailler. Néanmoins, il est également clair que si Agnès reste au salon, Béatrice et Chloé peuvent s'absenter, ce qui rend le raisonnement de Chloé caduc. Elle peut en effet s'absenter si Agnès reste. L'erreur logique de Chloé est qu'elle méconnaît que les propositions suivantes, quoiqu'inhabituelles, ne se contredisent pas l'une l'autre et peuvent toutes les deux être vraies.

Si A, non-B.
Si A, alors B.

Par exemple, prenons Albert qui veut désespérément intégrer une équipe de foot. Mais il ne le fera que si l'équipe le nomme capitaine. Nous avons ainsi :

Si Albert rejoint l'équipe,
Il sera capitaine.

Pendant ce temps, l'équipe a décidé de l'inviter à se joindre à eux à la condition qu'il ne soit pas capitaine. Nous avons donc :

Si Albert rejoint l'équipe,
Il ne sera pas capitaine.

Il n'y a pas de contradiction entre ces deux cas de figure, pour peu qu'Albert ne rejoigne pas l'équipe. En effet, le seul moyen pour que ces deux cas de figure soient vrais, est qu'Albert ne rejoigne pas l'équipe. Ces deux affirmations, considérées toutes les deux comme vraies, sont la preuve logique qu'Albert ne rejoindra pas l'équipe (car il ne peut le faire qu'à moins de provoquer une contradiction).

SOLUTION

Agnès ne peut partir du travail, tout comme Albert ne peut se joindre à l'équipe. Rappelez-vous :

À tout moment, une des trois associées doit être au salon.

Béatrice ne travaille jamais sans Agnès.

Chloé ne travaille jamais sans l'une des deux autres.

Il est facile de voir qu'Agnès doit toujours être là. Si Béatrice travaille, alors Agnès aussi. S Béatrice ne travaille pas, Chloé travaille – mais donc seulement si Agnès travaille aussi.

Que Béatrice travaille ou non, Agnès doit travailler.

Vu autrement, on peut dire :

Chloé est soit présente, soit absente. Si Chloé est présente, Agnès ou Béatrice doit travailler avec elle. De sorte qu'Agnès doit rester aussi. Si d'un autre côté Chloé ne travaille pas, alors l'une des deux autres doit travailler ; mais Béatrice ne travaille pas seule – Agnès est donc encore coincée.

Le choix d'Agnès est donc : soit de travailler seule, soit de travailler avec Béatrice, soit de travailler avec Chloé et Béatrice. Elle ne peut pas choisir de ne pas travailler, car alors Béatrice ne travaille pas, et donc Chloé ne travaillerait pas (puisqu'elle ne travaille qu'avec quelqu'un).

Chapitre

2

Le vague et l'identité

Pour savoir ce qu'une chose est, il est utile de savoir ce qu'elle n'est pas. Mais que penser quand il est difficile de faire la différence ? Ou quand les choses changent imperceptiblement, mais sûrement ? Ou quand leurs limites sont floues ? Les objets vagues ne sont-ils que des mots vagues ? Il y a quantité de paradoxes classiques : celui du chauve avec quelques cheveux, celui des enfants au visage maculé de boue. Que le flou soit dans l'identité elle-même ou dans notre façon de l'identifier, on définira dans ce chapitre l'indéfinissable.

LE NAVIRE DE THÉSÉE 1RE PARTIE

Vous connaissez la légende de Thésée, ce jeune Athénien qui vogua vers la Crète, entra dans le labyrinthe, et terrassa le minotaure. Plutarque, un historien grec, nous raconte que les Athéniens conservèrent le navire de Thésée pour les générations futures. Au fil du temps, chaque poutre abîmée ou pourrie était remplacée par une nouvelle. Cela suscita un débat chez les philosophes : le vaisseau restauré pouvait-il être considéré comme identique à l'original ?

On pourrait se demander pourquoi d'éminents intellectuels grecs se sont cassé la tête avec une question pareille. À première vue, c'est un paradoxe tout juste bon à faire passer le temps.

En fait, elle est plus intéressante qu'elle n'y paraît. Ce n'est pas une simple affaire de poutres pourries. Le navire de Thésée est une parabole philosophique qui soulève d'importantes questions comme le devenir, la disparition ou le changement.

Vous, par exemple

Ce sont des questions qu'on se pose tous les jours. Par exemple, mon épouse Wendy m'a souvent dit, en évoquant son enfance : « J'ai tellement changé que je me demande parfois si je suis toujours la même personne. »

C'est très juste. Les cellules humaines ne durent pas toute la vie. Le corps se régénère en permanence. Certaines cellules vivent plus longtemps que d'autres. La muqueuse intestinale se renouvelle en 5 jours ; les globules rouges en 120 jours, et les os en 10 ans. Cela signifie que, d'un point de vue physique, il reste peu de Wendy l'enfant dans Wendy l'adulte. Donc en quel sens peut-on la considérer comme la même personne ?

L'analogie avec le vaisseau de Thésée est évidente. Dans le cas de Wendy, ce sont des cellules qui sont remplacées, pas des poutres, mais le principe est le même.

Premier paradoxe navire de Thésée

Si on ne change qu'une ou deux poutres du navire d'origine, il semble aller de soi qu'il s'agit du même bateau.

Mais imaginons le moment où les Athéniens auront remplacé chacune des parties d'origine du bateau. Pouvons-nous considérer qu'il s'agit du même vaisseau ?

Répondre oui pose problème. Quoique le bateau ait changé graduellement, il a néanmoins changé entièrement. Il ne reste plus aucune partie du vaisseau d'origine et si aucune des parties de l'entité ne subsiste, l'entité elle-même demeure-t-elle ?

Répondre « non » pose aussi problème. À quel moment le bateau réparé a-t-il cessé d'être le bateau de Thésée ? À coup sûr, pas au remplacement de la première poutre ni de la deuxième. Où se trouve la frontière ? Est-ce au remplacement de la dernière poutre que l'ancien navire disparaît et que le nouveau apparaît ?

La continuité physique

Nous voilà en plein dilemme. Quelle que soit la réponse, il y a un problème. Nous pouvons éviter le dilemme en recourant au concept de continuité physique. Quoique chaque partie du bateau de Thésée ait été remplacée, le processus a été graduel. La charpente du navire a été remplacée pièce par pièce sans modifier la structure d'ensemble. Cette transition insensible et continue semble suffisante pour préserver l'identité du vaisseau malgré les changements.

Sur la base de la continuité physique, nous pouvons donc affirmer que ce vaisseau très remanié est bien le vaisseau de Thésée.

DU GRAIN À MOUDRE

Quoique la plupart des cellules du corps humain soient remplacées constamment, il y a des exceptions.

Par exemple, le cortex cérébral ne se régénère pas. Ses cellules sont aussi vieilles que nous. Le cortex joue un rôle clé dans la conscience, la mémoire perceptive, la pensée et le langage.

Cela répond-il à Wendy ?

RÉPONSE

D'une certaine manière, oui. Physiquement, une petite partie de Wendy l'enfant reste dans Wendy l'adulte. Allons plus loin : le cortex cérébral est certainement la partie du corps la plus importante sur le plan de notre identité. Par conséquent, le fait qu'il perdure jusque dans l'âge adulte a une importance toute particulière.

LE NAVIRE DE THÉSÉE 2E PARTIE

Si nous admettons que la continuité physique permet aux objets de garder leur identité tout en subissant des changements, nous avons la solution au premier paradoxe du navire de Thésée. Même si chaque poutre du navire est remplacée, nous avons toujours affaire au même vaisseau.

Second paradoxe du navire de Thésée

Imaginons à présent un scénario plus compliqué : les vieilles poutres sont remplacées par de nouvelles, mais réutilisées pour construire une réplique du navire. Il y a maintenant deux vaisseaux, A et B. Le vaisseau A est constitué d'un nouveau matériau ayant progressivement remplacé l'ancien. Le vaisseau B est constitué du matériau d'origine, et selon la même configuration, mais il existe en un lieu différent. Lequel des deux est l'original ? Le vaisseau A peut légitimement prétendre être celui de Thésée. Après tout, nous nous retrouvons ici dans le cas du premier paradoxe. La continuité physique a été conservée à travers les changements, préservant ainsi l'identité du navire d'origine.

Le vaisseau B peut tout autant prétendre être celui de Thésée. Après tout, il est fait exactement du même matériau que l'original, assemblé selon exactement le même plan. Imaginez qu'une archéologue localise l'arche de Noé, le déterre, le démonte, et le réassemble dans un musée. Personne ne contestera que le navire du musée est l'arche de Noé, qui a juste été démonté et reconstruit. Or c'est exactement le processus subi par le vaisseau B. Donc le vaisseau B est celui de Thésée.

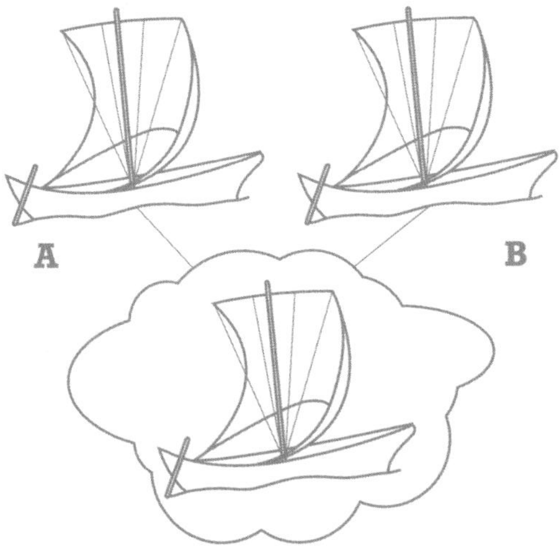

UN EXEMPLE DE LA VRAIE VIE

Avant d'écrire ce livre, j'ai visité le Pavillon d'or de Kyoto, un des monuments les plus célèbres du Japon. C'est un bâtiment élégant sur trois niveaux construit en bois recouvert d'or. Il est situé au bord d'un lac d'agrément très pittoresque.

D'abord construit en 1397, le temple a brûlé et a été reconstruit plusieurs fois. La reconstruction la plus récente date des années 1950. Quand j'ai appris cela, comme beaucoup de visiteurs occidentaux, je me suis senti berné. J'ai été déçu de ne pas voir le « vrai ». Mais les Japonais, eux, considèrent sans problème le bâtiment actuel comme l'authentique.

Le Pavillon d'or a un problème d'identité, plus encore que le vaisseau de Thésée.

Le nouveau bâtiment n'est pas fait du même matériau que l'ancien, et le principe de continuité physique n'opère pas ici.

Dans ce cas, peut-il prétendre à l'authenticité ?

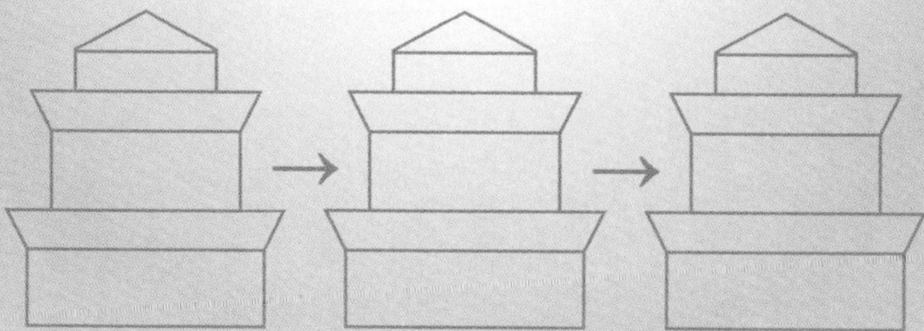

Le paradoxe

Dans ce cas, voilà où réside le paradoxe.

Il y a deux vaisseaux A et B. Un raisonnement valide conclut que le vaisseau A est celui de Thésée, et un raisonnement tout aussi valide conclut que c'est le vaisseau B. Pourtant, il ne peut y avoir qu'un seul navire de Thésée. L'argument en faveur du vaisseau A est la continuité physique.

C'est une série de changements insensibles et progressifs qui mène du vaisseau d'origine au vaisseau A. Le vaisseau B a pour lui d'être fait du matériau d'origine, et selon le même plan.

Un problème de contexte ?

Peut-être, qu'à la fin, ce n'est qu'un problème de contexte. Dans certains cas, il est logique de considérer le navire A comme celui de Thésée ; dans d'autres cas, le navire B. Ou peut-être devrions-nous décider lequel des deux critères l'emporte, celui de la continuité physique ou celui de la matière. Cela nous amène habilement à notre prochain paradoxe : le fleuve d'Héraclite.

LE FLEUVE D'HÉRACLITE

«Rien n'est permanent, sauf le changement.» **Héraclite, vers 500 avant J.-C.**

Héraclite est l'un des plus anciens philosophes. Il a vécu à Éphèse, en Asie mineure, env. 500 avant notre ère. On ne sait presque rien sur sa vie, mais il semble avoir été quelque peu misanthrope. Il n'avait que dédain pour ses semblables, qu'il considérait comme des Béotiens. Sa misanthropie l'a même peut-être conduit à une mort prématurée. On raconte qu'il est devenu hydropique quand il s'est retiré à l'écart et qu'il est allé vivre d'herbes et de plantes sur les montagnes.

Héraclite n'a écrit qu'un livre, réputé obscur et hermétique. On dit que Socrate, après l'avoir lu, fit le commentaire suivant: ce que j'ai compris est splendide, je comprends que je ne comprends rien. Seuls quelques fragments nous sont parvenus, et certains sont d'une authenticité douteuse.

Selon Héraclite, le monde se trouve dans un flux permanent. Tout change sans cesse. Pour lui, le feu est l'élément fondamental de la nature, ce qui convient parfaitement à une conception de l'univers en perpétuel changement.

Le paradoxe d'Héraclite

Dans son dialogue Le Cratyle, Platon cite Héraclite: «On ne se baigne pas deux fois dans le même fleuve». Cela semble absurde. Après tout, il est évident que nous pouvons nous baigner deux fois dans le même fleuve, il suffit d'y aller deux fois, une fois le lundi, une fois le mardi.

Le problème est en fait que l'eau du fleuve coule et que l'eau du lundi est différente de l'eau du mardi. Donc, sachant que le fleuve est constitué d'eau, et que l'eau ne reste pas la même, le fleuve du lundi n'est pas identique au fleuve du mardi.

Pire encore, le temps peut faire subir des changements considérables au fleuve d'un jour sur l'autre. Il peut entrer en crue, changer sa course, ou s'assécher complètement. Dans de telles situations, non seulement sa composition matérielle est modifiée (comme dans le cas du vaisseau de Thésée, pp. 28-31), mais aussi sa structure. Il bien vrai alors qu'on se baigne dans des fleuves différents.

Le paradoxe alors est que nous pouvons et ne pouvons pas descendre deux fois dans le même fleuve. Héraclite nous dit: «On ne peut pas se baigner deux fois dans le même fleuve», « nous entrons et n'entrons pas dans les mêmes fleuves».

$$\chi=\zeta=\chi=\phi=\chi=\psi$$

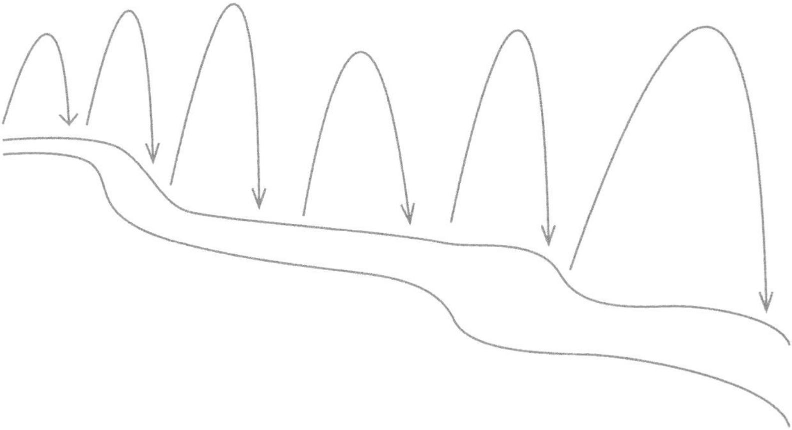

Résoudre le paradoxe

Peut-être n'y a-t-il pas de vrai paradoxe dans tout cela. Peut-être est-ce juste une question de contexte. Si nous entendons par « fleuve » une masse d'eau prenant une certaine trajectoire vers la mer, alors de toute évidence nous pouvons nous baigner deux fois dans le même fleuve. Mais si nous entendons par « fleuve » une masse d'eau dont l'identité est constituée par chacune de ses molécules, alors c'est impossible.

Ou encore, pour résoudre le paradoxe d'Héraclite, on pourrait faire appel au principe de continuité physique (p. 29). Bien que la composition matérielle du fleuve change d'instant en instant, cela se passe insensiblement et progressivement. Il y a une continuité entre chacun des états du fleuve. Peut-être est-ce suffisant pour conserver son identité.

Ce qu'Héraclite nous enseigne

Peut-être que c'est grâce à Héraclite lui-même que nous pourrons le mieux appréhender ce paradoxe. Une de ses idées philosophiques les plus connues est la doctrine du flux universel : tout est en perpétuel changement, rien ne demeure identique.

Le fleuve d'Héraclite en est une parfaite illustration. Le changement est une composante de l'identité du fleuve. En fait, un fleuve reste ce qu'il est seulement en changeant son contenu. Ceci éclaire un autre fragment d'Héraclite : « Pour ceux qui entrent dans les mêmes fleuves, autres et toujours autres sont les eaux qui s'écoulent. »

La véritable leçon à retenir est peut-être que certains êtres (tous, si Héraclite a raison) se définissent par le changement. Le changement ne détruit pas l'identité, il en est une caractéristique majeure.

Portrait

EUBULIDE

Eubulide est un philosophe grec du 4e siècle avant notre ère qui a inventé nombre d'ingénieux paradoxes. On sait peu de chose sur sa vie, et ce que nous savons nous est surtout transmis par Diogène Laërce qui nous dit qu'il a été un disciple d'Euclide, lui-même disciple de Socrate.

Contemporain d'Aristote, Eubulide n'était pas d'accord avec lui, ni sur le plan philosophique, ni sur le plan personnel. Certaines sources avancent même qu'il tenta d'éliminer Aristote en l'accusant d'espionner les Athéniens au profit des Macédoniens.

Ceci mis à part, Diogène Laërce attribue à Eubulide sept paradoxes : le paradoxe du sorite, l'Electre, le déguisé, le voilé, les cornes, le menteur et le chauve.

Dans l'Antiquité, ces paradoxes ont souvent été considérés comme triviaux et dénués d'importance. Aristote, son rival, les a discutés et les a laconiquement réfutés. Cicéron dit, de ces paradoxes, que ce sont des sophismes tirés par les cheveux. Et Sénèque d'ajouter cette remarque acide : « Ne pas les connaître ne fait pas de mal, les maîtriser n'apporte aucun bien. »

Mais c'est Eubulide qui eut le dernier mot. Ses paradoxes ont résisté à l'épreuve du temps et les philosophes et les logiciens en débattent aujourd'hui encore. Le paradoxe du sorite, le paradoxe de l'homme chauve et du menteur sont considérés comme particulièrement importants.

Voilà les paradoxes attribués à Eubulide par Diogène Laërce.

L'homme voilé

Vous dites que vous connaissez votre frère. Mais quand il a le visage voilé, vous êtes incapable de l'identifier. Donc vous connaissez et ne connaissez pas votre frère.

Le paradoxe d'Electre

Électre fut élevée séparément de son frère Oreste, mais elle sait qu'Oreste est son frère. Quand on le lui présente, comme un étranger, sait-elle qui est son frère, Oreste ?

Nous ne pouvons répondre que non, puisque Électre sait qu'Oreste est son frère. Nous ne pouvons répondre que oui, puisque Électre ne sait pas que l'homme qui se tient devant elle est Oreste.

Le paradoxe du déguisé

C'est plus ou moins une variation sur les paradoxes du voilé et d'Electre.

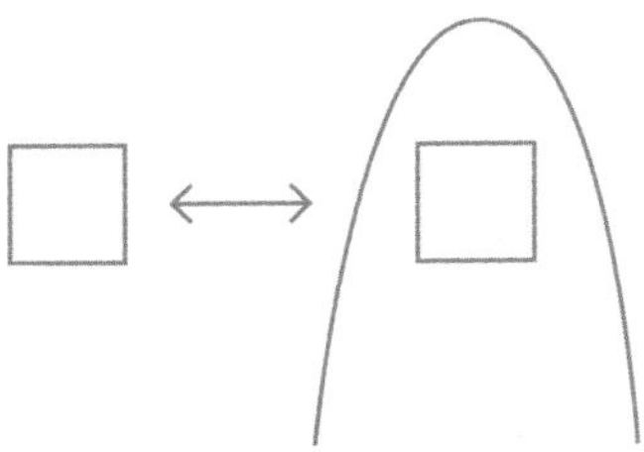

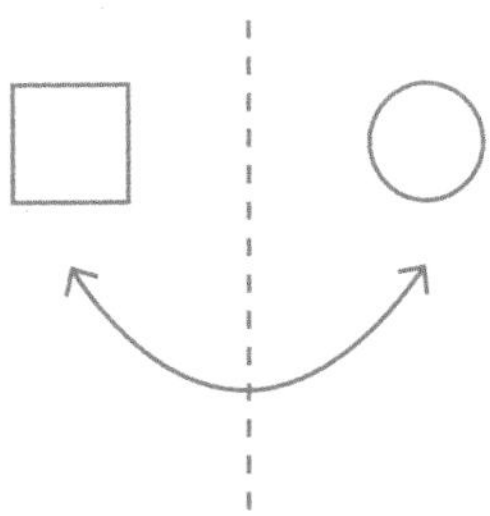

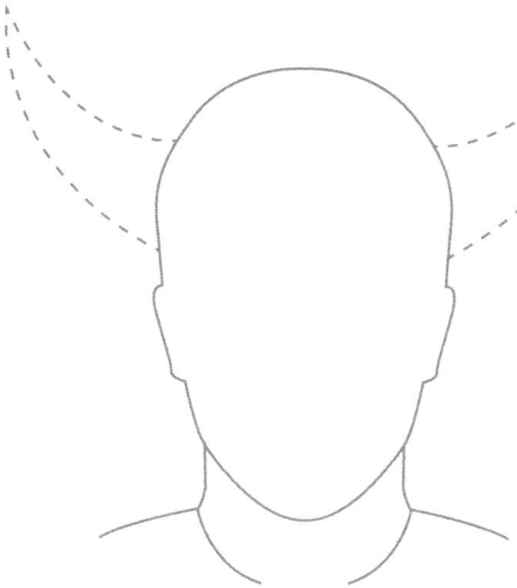

Le paradoxe des cornes

Imaginons que quelqu'un vous demande: «avez-vous perdu vos cornes?» Que répondre? Si vous répondez non, alors cela suppose que vous les avez encore. Si vous répondez oui, cela suppose que vous en avez eu. Donc: ce que vous n'avez pas perdu, vous l'avez encore. Or vous n'avez pas perdu vos cornes, donc vous les avez toujours.

Le paradoxe du menteur

Si je dis «ce que je dis est faux», suis-je en train de dire la vérité. C'est l'un des paradoxes les plus piégeux qui soient. On en discute pages 60-61.

Le paradoxe du sorite

Voilà un autre paradoxe terriblement difficile et très important, grâce auquel Eubulide arrive à montrer qu'un seul grain de sable forme un tas. On en discute pages 38-39.

Le paradoxe de l'homme chauve

Ce paradoxe célèbre est très proche de celui du sorite. On en discute aussi pages 38-39.

LE DÉFI

Essayez de résoudre les paradoxes du voilé, d'Electre et des cornes.

PISTES

Les deux premiers sont semblables. Ils reposent sur l'ambiguïté des verbes «savoir» et «connaître». Nous pouvons «connaître» quelqu'un en connaissant son existence, et le connaître au sens de le «reconnaître», quand on le voit. Le paradoxe des cornes part d'une question qui comporte de l'implicite: «avez-vous perdu vos cornes» suppose que vous en avez eu, des cornes. Peut-on alors répondre convenablement par un simple oui ou non?

L'HOMME CHAUVE ET LE TAS DE SABLE

Voici les paradoxes présentés à la page précédente, l'homme chauve et le tas de sable. Ce sont deux des paradoxes les plus célèbres d'Eubulide.

Le paradoxe de l'homme chauve

Un homme qui a des cheveux n'est pas chauve, c'est sûr. Ce n'est pas de perdre un cheveu qui le rend chauve. En fait, ce n'est pas la chute d'un cheveu qui fait qu'un homme non chauve devient chauve.
Donc personne ne devient jamais chauve.

Le paradoxe du tas de sable

Un million de grains de sable forment un tas. Si on ôte un seul grain, on a toujours un tas. En fait, ce n'est pas la perte d'un seul grain de sable qui transforme un tas en un non-tas. Mais si on enlève un à un les grains de sable, il arrive un moment où il ne reste plus qu'un grain de sable. Donc un grain de sable est un tas de sable.

Le paradoxe de l'homme chauve et du tas de sable ont une structure logique très proche. On les appelle souvent des « sorites » (du grec soros, qui veut dire « tas »), et on dit que ce sont des arguments du « petit à petit ».

Les sorites étonnent, intriguent et énervent les philosophes depuis plus de 2000 ans. C'est dire qu'ils n'ont pas de solution facile. Quelques propositions pour les résoudre sont données aux pp. 40-43. Voilà deux énigmes qui leur ressemblent, et qu'on peut parfaitement résoudre. Voyez si vous parvenez à trouver le défaut de raisonnement.

DEGRÉ 0

Une température de 1000 °C est au-dessus de 0 °C. Un degré plus bas, c'est encore au-dessus de zéro. En fait, une chute d'un seul degré ne peut pas faire descendre la température en dessous de zéro. Donc aucune température ne peut être inférieure au point de congélation.

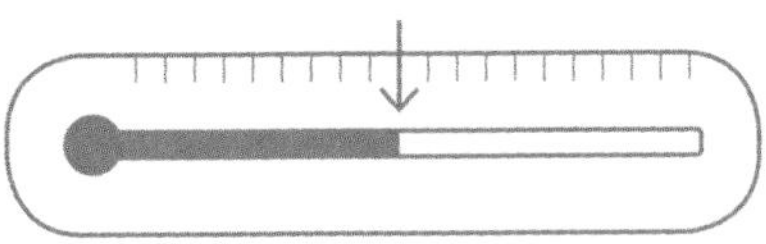

SOLUTION

Il y a évidemment un vice dans le raisonnement. La température à laquelle l'eau gèle est de 0 °C. Dès lors il est faux de dire qu'une chute d'un seul degré ne peut jamais faire descendre la température au-dessous de zéro.
Comparez cela avec les paradoxes de l'homme chauve et du tas de sable, où il n'y a pas de séparation bien claire entre le chauve et le non-chauve, entre un non-tas et un tas

TOUS LES CHEVAUX SONT DE LA MÊME COULEUR

Imaginez que vous rassemblez des chevaux, pris au hasard, et quelle que soit la taille du groupe – mettons dix chevaux. Est-il possible de prouver qu'ils sont tous de la même couleur?

On pourrait prouver que tous les chevaux sont de la même couleur, à condition de prouver que neuf chevaux pris parmi les dix sont toujours de la même couleur. Dans ce cas, on pourrait retrancher n'importe quels neuf chevaux de notre groupe de dix, on saurait qu'ils sont tous de la même couleur et donc que les dix doivent être de la même couleur. Mais y a-t-il un moyen de prouver que tout groupe de neuf chevaux est de la même couleur? Oui, à condition que nous puissions prouver que n'importe quel groupe de huit chevaux est de la même couleur. Et cela, à son tour, peut être prouvé à condition que n'importe quel groupe de sept chevaux est de la même couleur. Et ainsi de suite en descendant, 6, 5, 4, 3, 2 et 1.

Mais dans tout groupe contenant un seul cheval, il est évident que le cheval est de la même couleur. De là, par un raisonnement en chaîne, nous pouvons établir que les dix chevaux sont de la même couleur.

Nous aurions pu utiliser cet argument pour n'importe quelle taille de groupe. Donc tous les chevaux sont de la même couleur !

SOLUTION

De fait, il est possible de prouver que n'importe quels dix chevaux sont de la même couleur à condition que n'importe quels neuf chevaux parmi eux sont de la même couleur. Cela reste vrai quand nous comptons à rebours, 8, 7, 6, 5, 4 et 3. Mais la preuve s'écroule dès que nous arrivons à deux chevaux. Le fait qu'un cheval soit de la même couleur que lui-même ne garantit pas du tout que deux chevaux vont être de la même couleur.

LE VAGUE

Au cœur des paradoxes de l'homme chauve et du tas de sable se trouve la notion de vague. Le paradoxe de l'homme chauve tient à l'imprécision du mot «chauve» ; et le paradoxe du tas, au flou du mot «tas».

Le problème est donc qu'il n'y a pas de coupure nette entre ce qu'on dit chauve et non-chauve. Certes, on peut dire que ce mot s'applique à une personne qui n'a que peu de cheveux, et qu'il ne s'applique pas à quelqu'un qui a beaucoup de cheveux. Mais il y a des cas limites où il est difficile de savoir si la personne est chauve ou non.

De la même manière, il n'y a pas de rupture nette entre un tas et un non-tas. Nous sommes encore confrontés à des cas limites où on ne sait pas si c'est un tas ou non. Ce sont ces cas tendancieux qui donnent aux sorites tout leur piquant.

C'est pourquoi l'énigme du degré 0 (voyez p. 38) reste insoluble. Le degré 0 auquel l'eau gèle est un point précis. Une fois que la température chute à 0 °C, le point de congélation est atteint. Il n'y a pas de cas limite, au moins en principe.

Résistance à l'enquête

L'imprécision de mots comme «chauve» et «tas» ne peut être résolue par aucune recherche. Même si nous savons le nombre précis de cheveux sur la tête d'un homme, il reste possible que nous ne sachions pas si nous devons dire qu'il est chauve ou non. Même si nous faisons le décompte de grains de sable, jusqu'au dernier, nous ne saurons pas si cela fait un tas ou non.

C'est pour cela que nous disons que le vague (le flou, l'imprécision) oppose une résistance à l'enquête. Pour les cas limites de mots comme «chauve» ou «tas», il n'y a aucun moyen de résoudre le problème. Même si nous comptons ou si nous mesurons avec précision, le flou demeure. Parce qu'il est inhérent aux mots eux-mêmes.

D'autres mots flous

Il y a bien d'autres mots flous que «chauve» et «tas» : grand, riche, enfant, intelligent, petit, vieux...

QUAND UNE PORTE N'EST-ELLE PAS UNE PORTE ?

C'est facile de pointer le flou inhérent à des mots comme grand, riche, enfant, intelligent, petit, et vieux. Mais même des mots qui semblent précis peuvent s'avérer entachés d'imprécision, quand on y regarde de près. Dites si vous identifiez de l'imprécision dans les mots suivants : chaise, personne, bien, livre, père.

PISTE

Essayez de penser à des cas limites où il est difficile de savoir si le mot peut s'appliquer ou non. Par exemple, est-ce que le mot « personne » s'applique à un fœtus ? Si oui, à quel moment de son développement ? Si vous rabotez le bois d'une chaise, est-ce encore une chaise ? Jusqu'où pouvez-vous raboter le bois avant que le mot de chaise ne puisse plus s'appliquer ?

Quelle taille doit faire quelqu'un pour être grand ? Combien faut-il d'argent pour être riche ? À quel âge cesse-t-on d'être un enfant ? Etc. Tous ces mots sont vagues, puisqu'ils admettent des cas limites. On pourrait fabriquer des sorites avec chacun d'entre eux, et avec bien d'autres mots encore.

Problèmes de vague

La question du vague n'est pas seulement une manière philosophique de couper les cheveux en quatre. Un certain nombre de problèmes éthiques sont alimentés, pour part, par le vague inhérent à certains mots. Par exemple, une partie du débat sur l'avortement se focalise sur le moment où le fœtus devient une « personne ». De même, la question de savoir à quel âge il peut y avoir des rapports sexuels entre personnes consentantes est très liée à l'âge du passage de l'enfance à l'âge adulte.

CONSTRUISEZ VOTRE PROPRE PARADOXE

« Petit » est un mot vague. On doit pouvoir construire un sorite avec. Essayez de montrer que tous les nombres sont petits..

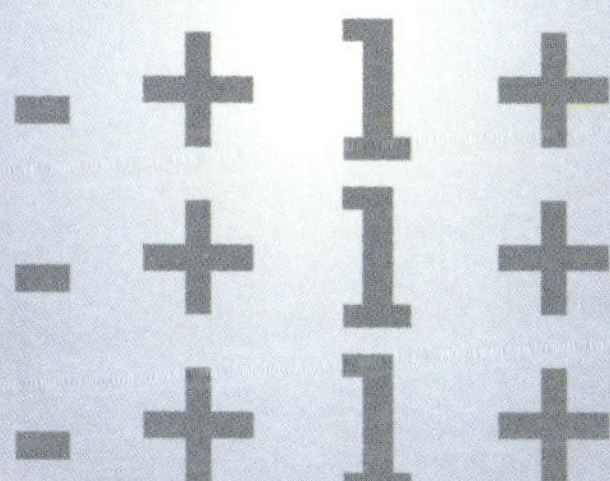

SOLUTION

Voilà comment on pourrait faire ce tour de passe-passe : 1 est un petit nombre. Ajoutez 1 et vous avez encore un petit nombre. De fait, ajouter seulement 1 ne transforme jamais un petit nombre en un grand. Mais en ajoutant 1 continuellement, vous pouvez parvenir à n'importe quel nombre. Donc tous les nombres sont petits.

RÉSOLUTION DES SORITES

Il doit y avoir quelque chose qui cloche dans les arguments de l'homme chauve et du tas de sable. C'est certain, puisque les conclusions qu'on en tire (personne ne devient chauve, un seul grain de sable fait un tas), sont évidemment absurdes. Mais identifier exactement ce qui cloche, c'est une autre affaire…

Ici, il est utile de souligner la structure logique des paradoxes sorites, en prenant pour exemple celui du tas :

1. 1 000 000 grains de sable mis ensemble forment un tas de sable.
2. Si 1 000 000 grains de sable forment un tas, alors 999 999 aussi.
3. Mais si 999 999 grains de sable forment un tas, alors 999 998 aussi.
4. Mais si 999 998 grains de sable forment un tas, alors 999 997 aussi… et ainsi de suite.
5. Donc un grain de sable forme un tas de sable.

Ce qui peut s'écrire :

1. 1 000 000 grains de sable mis ensemble forment un tas de sable.

2. Si n grains de sable forment un tas, alors n-1 grains aussi.
3. Donc 1 grain de sable forme un tas de sable.

Formuler l'argument de cette manière nous fait mettre le doigt sur le ressort des sorites : des mots vagues comme un « tas » connaissent des changements par degré. Un seul grain ne suffit pas à transformer un tas en un non-tas, de même que ce n'est pas à un cheveu près qu'on devient chauve. Voilà le hic. De petits changements ne peuvent pas transformer un tas en un non-tas, mais de grands changements, si. Et pourtant, les grands changements surviennent par accumulation de petits changements. Dès lors, de petits changements transforment et ne transforment pas les tas en non-tas, les hommes chevelus en hommes chauves.

Résoudre les sorites

On a vu combien les paradoxes de l'homme chauve et du tas de sable sont diaboliques. Les philosophes et les logiciens en débattent encore aujourd'hui, plus de 2 000 ans après leur invention par Eubulide. Voilà plusieurs manières de les résoudre :

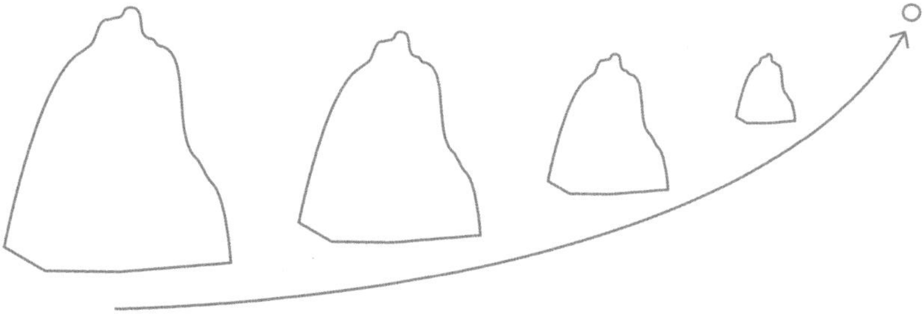

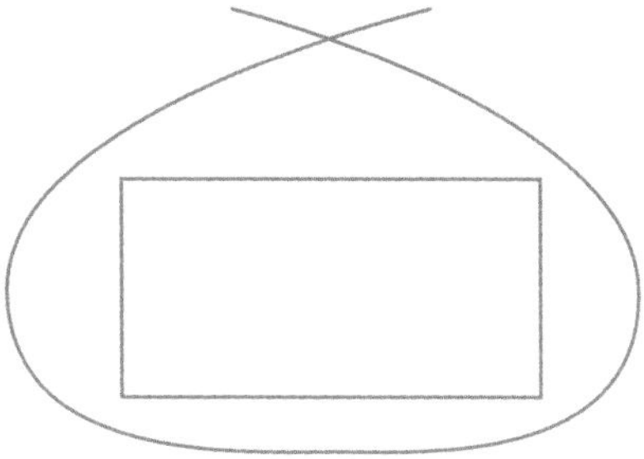

Définir des limites fixes

Les paradoxes sorites peuvent être évités si on pose des limites aux mots vagues comme « chauve » ou « tas ». Par exemple, on pourrait décider d'employer « tas » uniquement pour les amas de plus de 10 000 grains de sable ; ou dire qu'un homme chauve est un homme qui a moins de 1 000 cheveux.

Nier le vague

Certains philosophes prétendent qu'il n'est pas nécessaire de définir des limites fixes pour des mots comme « chauve » ou « tas », parce que ces limites existent déjà. Selon la théorie épistémique, les mots vagues ont des frontières bien délimitées, c'est juste qu'on ne sait pas où elles sont. De ce point de vue, il y a un moment précis où le tas devient non-tas, et où l'homme chevelu devient chauve. Le vague n'est pas intrinsèque aux mots eux-mêmes, il se réduit à notre propre ignorance.

Invoquer des degrés de vérité

Si l'on maintient (contrairement aux deux stratégies qui consistent à définir des limites ou à dénier le vague) qu'il existe d'authentiques cas limites pour des mots vagues comme « chauve » et « tas », une autre tactique consiste à dire qu'une proposition n'est pas ou vraie ou fausse, mais qu'il existe des degrés de vérité. De ce point de vue, il est vrai de dire qu'un grand nombre de grains constitue un tas, et qu'il est faux qu'un petit nombre de grains constitue un tas. Mais quant aux cas limites, ils ne sont ni vrais ni faux. Le degré de vérité diminue à mesure que le nombre de grains tend vers la limite inférieure du concept de *tas*.

À COGITER...

Laquelle de ces approches vous semble-t-elle le mieux résoudre ces paradoxes ? Pouvez-vous déjà entrevoir des problèmes dans ces différentes solutions ? Par exemple, la première méthode implique qu'on pose des limites. Mais *où* va-t-on faire passer, précisément, ces frontières ? Puisque nous ne savons pas où un tas finit et où un non-tas commence, ces limites ne seront-elles pas purement arbitraires ? Et si c'est le cas, quelle sera l'utilité d'une limite arbitrairement posée ?

Exercice 2

Les enfants sales

PROBLÈME

Plusieurs enfants sont réunis en un cercle de taille indéfinie. Chaque enfant peut voir distinctement le visage de tous les autres enfants. Aucun, cependant, ne voit son propre visage. Un professeur leur dit qu'au moins un d'entre eux a le visage sale et demande aux enfants au visage sale de s'avancer à l'intérieur du cercle. S'il n'y a pas de réaction, il répète la question.

Voilà le paradoxe : en supposant qu'il y a n enfants au visage sale, aucun enfant ne réagira jusqu'à la $n^{ième}$ question, et alors tous les n enfants s'avanceront en même temps. Mais si le professeur – sans avoir au préalable indiqué aux enfants que l'un d'entre eux était sale – répète la question, alors aucun enfant ne réagira.

Pourquoi le fait que le professeur leur dise ce qu'ils peuvent voir par eux-mêmes fait-il la différence ?

MÉTHODE

Pour comprendre la force de ce paradoxe, il est utile d'apprécier les remarquables capacités mentales de ces enfants imaginaires, qui peuvent tous voir le visage de leurs camarades, quelle que soit la taille du cercle qui les réunit. Dans un cercle très grand, une telle capacité de perception est impossible. Mais supposons que ce ne soit pas une objection. Les enfants sont donc conscients que chacun d'eux peut voir le visage des autres, mais pas le sien. Leur pouvoir de déduction est infaillible, même lorsque l'expérience s'éternise. Par exemple, supposons que le professeur leur dise qu'il y a parmi eux au moins un enfant sale, mais seulement un. L'enfant sale saura immédiatement que c'est son propre visage qui sale, puisqu'il peut voir que le visage de tous les autres enfants est propre. Le visage sale, c'est forcément celui qu'il ne voit pas – le sien. Si l'enfant sale ne savait pas qu'il y a au moins un enfant sale dans le cercle, il ne pourrait pas déduire que son visage est sale, et il ne s'avancerait pas dans le cercle. Dans ce premier cas de figure très important, dont tous les autres dépendent, ce que dit le professeur fait toute la différence.

Supposons maintenant que seuls deux enfants ont le visage sale. Chaque enfant aura déjà compris par avance ce que dit le professeur, car il verra deux enfants sales – sauf les deux enfants dont le visage est maculé. Mais même eux peuvent comprendre qu'au moins un enfant est sale, comme le dit le professeur. Alors aucun enfant ne fera un pas en avant dans le cercle. Sachant que les enfants ne peuvent voir leur propre visage, chaque enfant déduit qu'il doit y avoir plus d'un enfant sale parmi eux. Pour ceux qui ont le visage propre, ceci est évident (puisqu'ils voient déjà deux visages sales). Mais pour les deux qui ne voient qu'un seul visage sale, il devient évident qu'il y a plus d'un enfant sale. Car s'il n'y en avait eu qu'un, il aurait fait un pas en avant, comme le professeur l'a demandé. Comme aucun enfant ne s'est avancé, un autre a dû voir un visage sale qui n'était pas le sien. Les deux enfants sales savent maintenant que leur visage est maculé, puisque chacun est conscient que le visage sale vu par l'enfant sale qu'il voit lui-même n'appartient à personne d'autre dans le cercle. Chacun des deux enfants sales tire la même conclusion, et s'avance.

Si le professeur, en premier lieu, n'avait pas dit aux enfants qu'au moins un d'entre eux avait le visage sale, aucun n'aurait pu conclure que son visage était sale. Ils peuvent le voir par eux-mêmes, mais si le professeur ne le dit pas, aucun enfant ne s'avance.

Pourquoi ?

SOLUTION

Si le professeur ne les avait informés, alors, après la première question, aucun enfant n'aurait fait un pas en avant, même s'il n'y avait qu'un seul enfant sale dans le cercle. Au second tour, s'il y a deux enfants sales, ils ne peuvent plus supposer que s'il n'y avait eu qu'un seul enfant sale dans le cercle, celui-ci se serait déjà avancé. Sans cette supposition, il leur est impossible de s'identifier comme enfants sales, y compris lors de tours ultérieurs.

Comme nous l'avons vu précédemment dans le scénario des deux visages sales, le fait que les deux enfants au visage sale s'identifient comme tels dépend de la conclusion qui repose sur le fait qu'aucun enfant ne s'est avancé quand la question a été posée la première fois. Au moment où la question est posée une deuxième fois, l'hypothèse selon laquelle il n'y a qu'un seul enfant sale a été réfutée. Bien sûr, ce n'est valable que pour les deux enfants aux visages sales qui ont vu un et seulement un visage maculé dans le cercle. Ce que tous les enfants au visage propre savent juste en regardant autour d'eux, les deux enfants au visage sale le déduisent de l'absence de réponse à la première question de l'autre enfant au visage sale. Néanmoins, au moment où on pose une deuxième fois la question, chaque enfant sait qu'il y a au moins deux enfants sales.

Les n enfants qui ont le visage sale savent immédiatement qu'il y a au plus n enfants au visage sale. Mais ils apprennent qu'il y en a au moins n que quand le n-1ème enfant sale qu'ils voient ne s'avance pas à la n-1ème fois que la question est posée. Pour les enfants propres, c'est l'opposé qui est vrai. En effet, ils peuvent clairement voir n enfants sales, donc ils savent qu'il y en a au moins n (et au plus n + 1) ; mais ils ne savent qu'il y a au plus n enfants sales que quand les n enfants qu'ils voient s'avancent après la n^{ième} fois que la question est posée.

Chapitre

3

Logique et vérité

S'il est vrai que la vérité rend libre, la logique est la clé de la liberté. Il peut être surprenant de constater que la vérité la plus rigoureuse et la logique la plus scrupuleuse peuvent résulter d'une apparente contradiction. Encore une fois, nous ne demanderons pas : *qu'est-ce qui est vrai ? qu'est-ce que la vérité ?* Nous examinerons également la notion de référence en linguistique, l'autoréférence, l'appartenance aux ensembles et la probabilité. Les paradoxes de ce chapitre vont de la trivialité du quotidien à la linguistique, en passant par les mathématiques, mais concernent à chaque instant des questions essentielles de la philosophie et de la logique mathématique.

LES PARADOXES DE LA LOGIQUE

Les paradoxes de la logique et de la vérité sont amusants et agaçants en même temps, ce qui est en soi un paradoxe. Alors, avant d'aller plus loin, voici plusieurs exemples très éclairants.

Le paradoxe de la carte de visite

Tendez une carte blanche et un stylo à quelqu'un, et dites-lui de vous rendre la carte avec une marque dessus, s'il pense que vous trouverez la carte vierge quand il vous la rendra. S'il pense que vous trouverez la carte vierge, il mettra une marque dessus ; mais alors, la carte ne sera plus vierge ! S'il pense que vous vous attendez à trouver une quelque chose d'écrit sur la carte, il ne fera pas de marque dessus – et alors, vous ne trouverez rien d'écrit sur la carte !

Si vous pensez que vous êtes au bord de perdre la raison, alors pensez aux pauvres chiens de Pavlov. Pavlov était très célèbre pour avoir dressé ses chiens à saliver au simple bruit d'une clochette, en associant répétitivement le bruit de la clochette à la viande : exemple de ce qu'on appelle un conditionnement classique. Il poussa l'expérience plus loin et, avec sa rigueur expérimentale habituelle, lui et ses assistants entraînèrent un chien à attendre de la nourriture à la vue d'un cercle, et à n'en pas attendre à la vue d'une ellipse. Progressivement, ils réduisirent la différence entre les deux formes, si bien que le chien ne pouvait plus les distinguer, et qu'il ne savait plus à quoi s'attendre. Le résultat, cruel, fut chez le chien une sorte de psychose induite, une dépression semblable à celle qui nous arriverait si on réfléchissait trop fort au paradoxe de la carte de visite.

L'humour de la potence

Dans une ville d'un pays étrange, il y avait une loi qui s'adressait à tous ceux qui voulaient entrer dans la ville pour y établir leur commerce. Cette loi disait que ceux qui désiraient s'établir honnêtement pouvaient entrer et s'installer en paix. Les menteurs, quant à eux, seraient pendus aux potences construites à cette seule fin. Un voyageur vint, et on l'interrogea sur ce qu'il venait faire. « Je viens dans cette ville pour être pendu à ces potences », répondit-il.

Selon la loi en vigueur dans ce pays, pouvait-il entrer librement dans la ville ou devait-il être pendu ? S'il disait la vérité, alors il venait pour se faire pendre ; ou alors, c'est qu'il mentait, et dans ce cas il méritait d'être pendu. Mais s'il devait être pendu, c'est qu'il avait dit la vérité, et qu'il aurait dû être libre d'entrer et de sortir. (Il faudrait être terriblement cynique pour dire qu'il n'y avait qu'à le pendre et à le laisser partir ensuite.)

La logique d'un amant

Désespérant d'obtenir de sa bien-aimée ce qu'il désire, un Lothario très astucieux lui pose deux questions :

i) Répondras-tu à cette question de la même façon qu'à l'autre ?

ii) M'accorderas-tu une étreinte passionnée ?

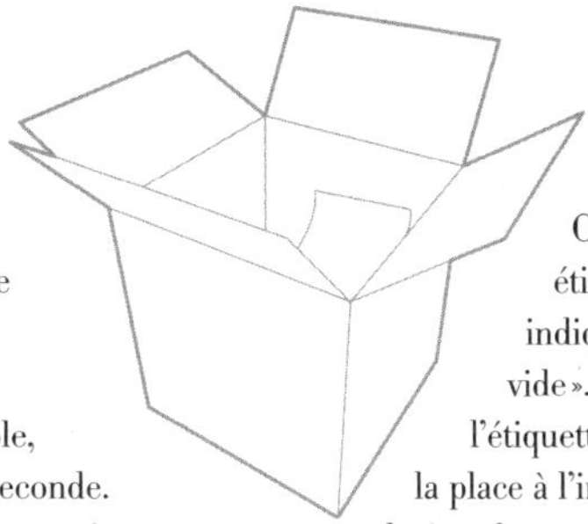

La malheureuse va être bien embarrassée, qu'elle réponde par oui ou par non – si l'on imagine qu'elle tient sa parole. Si elle dit *oui* à la première question, pour tenir sa parole, elle doit répondre *oui* à la seconde. Si elle dit *non* à la première question, pour tenir sa parole cette fois, elle devra répondre différemment à la seconde question. Ainsi, le silence ou le rire est sans doute la plus sage réponse qu'elle puisse faire…

Votre réponse à la question est-elle « non » ?

Voilà une question facile à laquelle vous ne répondrez jamais correctement ! La bonne réponse semblera claire à quiconque entendra votre réponse, et ils pourront aisément donner la réponse. Mais quant à vous, vous ne pourrez jamais répondre… Si vous dites *oui*, alors la bonne réponse est *non* ; donc, vous donnez une mauvaise réponse. Si votre réponse est *non*, alors votre réponse à la question est *non*, et il faudrait donc répondre *oui*. Dans les deux cas, vous avez tout faux.

La boîte d'Airy

On raconte que l'astronome britannique G. B. Airy (1801-1892) trouva une boîte vide à l'Observatoire de Greenwich, à Londres. Il écrivit sur un bout de papier « boîte vide » et, avec un brin de perversité, le mit dans la boîte.

Il est assez étrange qu'une notice explicative, censée épargner à quelqu'un l'examen du contenu de la boîte, soit justement placée à l'intérieur de la boîte. On imaginerait plutôt une étiquette sur la boîte qui indiquerait « cette boîte est vide ». Posée à l'extérieur, l'étiquette est vraie. Sitôt qu'on la place à l'intérieur de la boîte, elle devient fausse. Mais supposez que l'étiquette dise ceci : « La boîte qui contient cette étiquette à l'intérieur est vide ». Posée sur la boîte, l'extérieur, le sujet de la phrase ne renvoie à rien du tout, puisqu'il n'existe pas de boîte à l'intérieur de laquelle soit mise l'étiquette. Cependant, aussitôt qu'on la met à l'intérieur d'une boîte vide, la phrase devient fausse.

Et maintenant, que se passe-t-il si vous collez l'une ou l'autre de ces étiquettes *sur une face interne* de la boîte ? La boîte est-elle encore vide ? Quand l'étiquette, d'abord contenu de la boîte, devient une partie de sa surface interne, la phrase est-elle vraie tout d'un coup ? La colle (qui est aussi à l'intérieur de la boîte) peut-elle avoir une incidence sur la véracité de la phrase ?

À présent, imaginez que vous trouvez une boîte vide, que vous l'ouvrez, et que vous écrivez sur une face intérieure « cette boîte est vide ». À l'intérieur de la boîte, il y a maintenant de l'encre, des mots, et une phrase. Mais malgré ces ajouts, n'est-ce pas, après tout, une boîte vide ? Et la phrase n'est-elle pas vraie ?

COMMENT PRÉVOIR L'IMPRÉVISIBLE

« Prévoir l'imprévisible » est un bon conseil de prudence. Dans la vie de tous les jours, il y a d'autres formules du même genre, « rien n'est sûr », « être préparé aux coups du sort ». Mais si on prend les choses au pied de la lettre, peut-on vraiment *prévoir l'imprévisible* ?

D'autres raisonnements de potence

Un dimanche, un prisonnier est condamné à mort. Le juge décrète que la pendaison aura lieu à midi l'un des cinq jours de la semaine, sans que le condamné à mort sache lequel. C'est-à-dire que le juge le condamne à une pendaison surprise. Mais le prisonnier rétorque que c'est impossible : il ne sera pas pendu vendredi, puisque le jeudi après-midi, il serait en mesure de savoir qu'il va être pendu le lendemain midi. Ayant exclu le vendredi, il raisonne de la même façon avec jeudi. Si la pendaison n'est pas le vendredi en effet, poursuit-il, le jeudi matin il ne peut qu'être certain d'être pendu à midi, et alors ce ne sera pas une surprise, donc il ne sera pas pendu jeudi midi. Et c'est ainsi, en répétant son raisonnement, qu'il exclut le mercredi, le mardi, et le lundi. Il ne peut pas y avoir de pendaison surprise, donc, réplique-t-il au juge.

Est-ce un paradoxe authentique ? Un paradoxe avec des prémisses ne souffrant pas d'exception, conduit par un argument irréfutable, et conduisant à des conclusions inacceptables ? Posez-vous les questions : la conclusion du prisonnier n'est-elle pas inacceptable ? Son raisonnement est-il parfait ? Si vous répondez oui à ces questions, c'est un vrai paradoxe. Si vous répondez par non à l'une des questions, ce n'est un paradoxe qu'en apparence.

Interro surprise

Autre version moins sinistre du paradoxe : l'interro surprise. Un prof annonce qu'il fera une interro surprise la semaine prochaine. Un élève astucieux objecte que c'est impossible : la classe a cours avec ce professeur tous les jours, du lundi au vendredi. Jeudi après les cours, si l'interro n'a pas eu lieu, tous les élèves sauront que ce sera pour le lendemain vendredi, dernier jour d'école avant le week-end. Mais alors, ce ne sera pas une surprise, et donc le prof aura dit quelque chose de faux. Si l'interro ne peut pas être le vendredi, il reste les quatre autres jours. Donc mercredi, si l'interro n'a pas eu lieu, tout le monde saura que l'interro aura lieu jeudi, ce qui gâche la surprise. Ainsi de suite, jusqu'à ce que toute possibilité de surprise soit anéantie.

Surprise, surprise !

L'effet de surprise, dans le cas de la pendaison ou de l'interro, est une sorte de mensonge par omission. Le prisonnier ne sait pas quel jour il va être pendu, si ce n'est que cela sera entre tel et tel jour. Du coup, celui qui annonce qu'il y aura une surprise entre tel et tel jour risque de rater son effet. Le juge devrait s'en tenir à une phrase comme « Vous serez pendu un jour de la semaine prochaine, mais on ne vous dira pas lequel. »

LE PARADOXE DE LA GRILLE

Imaginez une pièce fermée avec une grille dessinée sur le sol :

1	2	3
4	5	6
7	8	9

Vous avez les yeux bandés et vos mains sont liées. Vous savez que vous êtes sur l'une des cases de la grille, mais vous ne savez pas laquelle. Votre défi, c'est de savoir où vous êtes, mais vous n'avez le droit qu'à deux mouvements. Un mouvement, c'est un pas sur la case voisine, au-dessus, en dessous, à droite, à gauche. Essayer de faire un pas et rencontrer le mur est aussi compté comme un mouvement. Votre intuition vous dit que votre tâche est impossible, qu'il n'y a pas moyen de s'orienter dans la pièce en seulement deux mouvements.

Ceci posé, vous faites le raisonnement que vous ne pouvez pas être dans un coin, puisque deux mouvements suffiraient pour vous orienter. (Si vous vous cognez contre un mur en faisant un pas en avant, et en faisant un pas à droite, c'est que vous êtes sur la case 3.) Donc puisque vous pouvez reconnaître un coin en deux coups, vous pouvez continuer en éliminant les cases paires. De toute évidence, faire un pas en avant et rencontrer un mur indique à coup sûr que vous êtes sur la case 2 (ce pourrait être aussi la case 1 ou 3, mais nous avons éliminé les coins). Il ne reste qu'une case, celle du milieu, le 5. Confrontez maintenant votre intuition avec le raisonnement que vous avez fait sans bouger et découvrez votre position supposée impossible à déterminer.

Est-ce un vrai paradoxe ? Sinon, pourquoi ? À quel endroit le raisonnement est-il incorrect ?

Dans ces deux pseudo-paradoxes, le juge et le professeur s'avancent au-delà de ce qui dépend d'eux : un juge a le pouvoir de pendre, mais leur titre ne les autorise pas à décréter qu'une personne doit être surprise. Il ne serait donc pas raisonnable que le condamné à mort espère en réchapper en argumentant que si on ne le surprend pas, alors il ne sera pas pendu.

SOLUTION

Ce pseudo-paradoxe est introduit par Sorenson en 1982. Comme l'indique Sainsbury (1988) l'apparence de paradoxe repose sur l'équivoque d'une position 1) localisable en une séquence de deux mouvements 2) localisable par n'importe quelle séquence de deux mouvements. De nombreuses positions sont localisables par certaines séquences de deux mouvements, mais pas par n'importe laquelle. Par exemple, les positions en coin, si centrales dans la logique défectueuse décrite plus haut, ne seraient pas trouvées si vous vous éloigniez du mur au lieu de vous cogner dedans.

QUAND LA RÉFÉRENCE A TOUT FAUX

Parler de quelque chose, cela nous arrive à longueur de journée. Nous faisons référence à des choses et nous émettons des jugements sur ces choses. Si ce n'était pas une activité de tous les jours, cela nous semblerait plus merveilleux – car ça l'est. Quand la référence fonctionne bien, elle passe inaperçue et semble assurée ; mais quand on la pousse délibérément dans ses retranchements, la référence va de travers.

La référence est une capacité que nous avons à désigner les objets. La référence, c'est aussi la relation entre le mot et ce à quoi il renvoie. Le cas le plus évident est celui du nom propre (« Socrate », par exemple), mais les noms communs (comme « sable » ou « panthère ») désignent aussi une pluralité d'objets. Nous pouvons aussi faire référence à des catégories entièrement construites, comme « des choses que vous pourriez prendre pour aller camper ».

Ainsi, dans la mesure où des pensées silencieuses utilisent des mots, les idées et les pensées peuvent faire référence. Même des gestes comme l'index pointé, le hochement de tête, le mouvement des sourcils peuvent renvoyer à quelque chose. La quantification (avec des mots comme « tous », ou « aucune ») est un autre phénomène, mais qui n'est pas sans rapport, et qui permet à nos pensées et au langage de tenir compte des choses, d'être au courant du monde, de ce qu'il contient, de comment il pourrait être.

Le sens et l'usage

À échelle individuelle, nous entrons dans un langage dont les mots ont une référence : enfants, nous apprenons que « canard » désigne cet oiseau qui nage et qui fait coin-coin. Mais à l'échelle de l'humanité, les mots ne sont pas juste découverts, ils sont inventés et introduits avec une signification précise. Cette signification évolue, et de tels changements sont souvent perçus comme des nouveautés avant de devenir communs. Les mots ont le sens qu'ils ont du fait de certains choix sociaux, mais ces choix s'imposent à chaque individu comme un fait accompli, auquel on ne peut qu'acquiescer.

Bien sûr, on aimerait tous pouvoir, comme Humpty Dumpty dans *Alice au pays des merveilles*, utiliser les mots au hasard. Mais si nous utilisons les mots sans référence et à notre guise, il sera impossible de communiquer avec quelqu'un et il sera difficile de se faire une vision cohérente du monde. En effet, si on pense que les mots peuvent vouloir dire tout ce qu'on veut, alors on doit aussi conclure que 30[8sf d#fk?q\ jao!e £P*-4mg]pvk%90. Et vous pouvez me citer !

Les failles de la référence

Les mots peuvent aussi échouer à faire référence d'une manière plus intéressante. Par exemple, « Pégase » ne renvoie à rien, puisqu'il n'existe pas de chevaux qui volent. Pourtant il semble vrai de dire que Pégase est un cheval volant. Peut-être qu'on pourrait appeler ça une « vérité fictive », puisque même si elle est vraie, elle n'implique pas l'existence d'un cheval volant. (Comparez avec l'argument valide que puisque Seabiscuit était un cheval de course, c'est qu'il existait au moins un cheval de course.) Willard Van Orman Quine, logicien américain, réfléchit que plutôt que « Pégase n'existe pas », on pourrait dire que « personne ne pégase ».

Il vaut la peine de remarquer qu'une autre faille de la référence survient dans le cas de certaines précisions précises. Exemple :

(i) L'actuel roi du Népal n'est pas très riche. Il y a un problème, car il n'y a plus de roi au Népal, donc le sujet de la phrase ne renvoie à rien. Si donc nous soutenons que l'énoncé 1 n'est pas vrai, alors l'énoncé suivant devrait être vrai :

(ii) L'actuel roi du Népal est riche. Mais à nouveau, nous savons bien que ce n'est pas le cas. C'est pour éviter ce genre de conclusion que Bertrand Russel analysa ainsi finement des phrases comme l'énoncé 1 :

Il y a un roi actuellement au Népal, il n'y en a qu'un, et cette personne n'est pas riche.

En s'appuyant sur cette structure logique, il devient possible que cette phrase soit fausse de plusieurs façons (par exemple, fin de la monarchie), sans que cela implique la richesse d'un roi du Népal qui n'existe pas.

À quoi vous ne pouvez pas faire référence

À y regarder de près, la situation décrite au-dessus est logiquement troublante. Il peut paraître évident que la réalité se partage entre ce que nous pouvons désigner et ce que nous ne pouvons pas désigner.

Essayez d'expliquer ce schéma à quelqu'un sans faire la faute logique renvoyer à quelque chose d'impossible à désigner.

VOIR DES PANNEAUX

Ce panneau renvoie à rien. Ce n'est pas du tout la même chose que de ne renvoyer à rien, ou de ne pas faire référence tout court. Les expressions qui ne renvoient à rien sont dépourvues de signification. Ce panneau n'est pas dépourvu de signification. Ce n'est pas un non-sens.

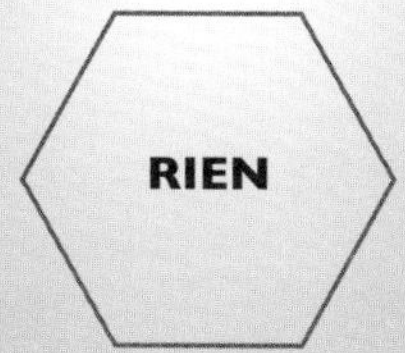

Vous ne pouvez pas faire référence à quelque chose à quoi vous ne pouvez pas faire référence. Non seulement cette phrase paraît vraie, mais elle ressemble à une tautologie, elle semble redondante. Mais à y regarder de près, le sujet lui-même ne renvoie à rien. Or s'il renvoie à quelque chose, c'est que l'énoncé se contredit lui-même. Il n'a aucun fondement de vérité.

AUTO-RÉFÉRENCE

On dit parfois que la référence est la capacité des mots à tenir lieu de quelque chose qui leur est extérieur. Quoique cette formule soit suggestive, elle n'est pas très claire. Peut-être que les mots renvoient à autre chose qu'eux-mêmes quand nous parlons du monde, de nous-mêmes, des autres, mais parfois les mots ne renvoient qu'à eux-mêmes. Les mots peuvent être autoréférentiels. Beaucoup de mots renvoient à des mots ou à des manières de les utiliser. Il y a des mots et des locutions qui s'appliquent seulement à eux-mêmes.

L'autoréférence des mots peut être parfaitement anodine, et il est difficile de soutenir qu'il y a là quelque chose de fondamentalement suspect. Par exemple, il n'y a pas de problème évident dans des phrases comme :

« Cette phrase est la première de la liste. »

« Cette phrase est succincte. »

D'autres phrases encore, peut-être plus amusantes, posent ce même problème de l'autoréférence.

« Cette phrase est autoréférentielle. »

« Ce discours consistera en un commentaire suivi de quelques mots de remerciements. Merci beaucoup. »

Autoréférence renversée

Autre exemple curieusement indirect mais commun de l'autoréférence, quand quelqu'un essaye d'exprimer la profondeur de ses sentiments en disant « je n'ai pas les mots pour dire ce que je ressens... »

C'est une phrase que tout le monde comprend, et c'est une expression très forte des sentiments. Mais la phrase en elle-même dénie qu'on puisse exprimer avec des mots de telles émotions.

Il y a d'autres exemples d'autoréférence qui ne sont ni efficaces ni anodins. Mais avant de voir les paradoxes de l'autoréférence, examinons un autre type de problèmes, dans lesquels se pose la question du fondement.

Cela arrive quand l'autoréférence vous fait tourner en rond, cherchant vainement à attraper le référent, comme un serpent se mordant la queue. C'est peut-être divertissant, mais vous n'irez pas loin comme ça, et cela risque de devenir un peu ennuyeux. Voilà un exemple :

1) Cette phrase est vraie.

Voilà une phrase qui renvoie à elle-même, tout comme la phrase suivante qui veut dire la même chose en anglais.

2) This sentence is true.

Les deux phrases signifient-elles la même chose ? On pourrait le penser puisqu'elles sont la traduction correcte l'une de l'autre. De plus, la phrase **1** dit d'elle-même la même chose que la **2**, et pourtant **1** et **2** ne sont pas les mêmes phrases, they are not the same sentences. Deux phrases faisant référence à deux phrases différentes ne peuvent pas, logiquement, avoir le même sens. C'est donc qu'elles n'affirment pas la même proposition. En un sens profond, elles ne disent pas la même chose.

Mais que signifie la phrase **1** ? Les philosophes rendent compte du sens des phrases déclaratives de plusieurs manières. Par exemple, en spécifiant les conditions auxquelles une phrase est vraie ; ou encore, en indiquant comment obtenir la preuve qu'elle est vraie. Prenons un exemple.

3) Le bébé est un garçon.
Cette phrase énonce un fait. Les conditions de vérité de cette phrase sont donc purement et simplement factuelles. Si le nouveau-né est effectivement un garçon, la phrase est vraie ; sinon, elle est fausse. La théorie de la vérité sous-entendue ici pose que la phrase **3** n'est vraie que si elle correspond aux faits.

Par ailleurs, le sens d'une telle phrase est indiqué par les procédures de vérification nécessaires pour déterminer sa valeur de vérité. Ici, il s'agit d'un cas de simple observation, mais il pourrait s'agir de compter, de calculer, de mesurer, etc.

Pour revenir à présent à la phrase **1**, il apparaît que la notion de signification est problématique. Pour savoir si elle est vraie, nous devrions vérifier si elle correspond à la réalité. La condition de vérité est donc que la phrase à laquelle **1** se réfère est vraie – mais précisément, c'est ce que nous cherchons à savoir. Nous tournons donc en rond, et il est très frustrant de ne pas trouver de meilleure réponse. Du fait de cette autoréférence, la réalité à laquelle la phrase **1** fait référence n'est pas autre chose que la phrase elle-même. Il est donc impossible de la vérifier, sauf en la vérifiant par elle-même. Une fois de plus, nous tombons dans un cercle, et nous nous cassons le nez sur la phrase elle-même ; du coup, il devient impossible de déterminer si ma phrase **i** est vraie ou fausse.

Quelle que soit la théorie de la vérité sur laquelle on s'appuie, la signification de l'énoncé **i** reste indéterminée. C'est une proposition vide. Dans son refus obstiné de se référer à autre chose qu'elle-même, la phrase nous laisse bredouilles, sans que nous puissions nous tourner vers quelque chose qui viendrait la vérifier ou l'infirmer.

À LA POURSUITE DE LA VÉRITÉ

Imaginons des personnes formant un cercle, chacun montrant du doigt son voisin de droite. L'un dit : « ce que cette personne s'apprête à dire est vrai ». Alors vous regardez son voisin de droite qui dit seulement : « ce que cette personne s'apprête à dire est vrai ». La personne suivante fait la même chose, et ainsi de suite, cela s'enchaîne. Vous espérez entendre le contenu ultime, pour pouvoir vérifier l'affirmation en question, mais à chaque tour vous êtes renvoyé à quelqu'un d'autre jusqu'à ce qu'on revienne à la personne de départ, qui répète ce qu'il a dit plus tôt. Dirons-nous alors que la première assertion est dépourvue de signification, quand nous entendons ce que chacun dit à son tour ? Ou est-ce que chacune des assertions a, prise séparément, une signification, et que c'est l'ensemble du dispositif qui est dépourvu de signification ?

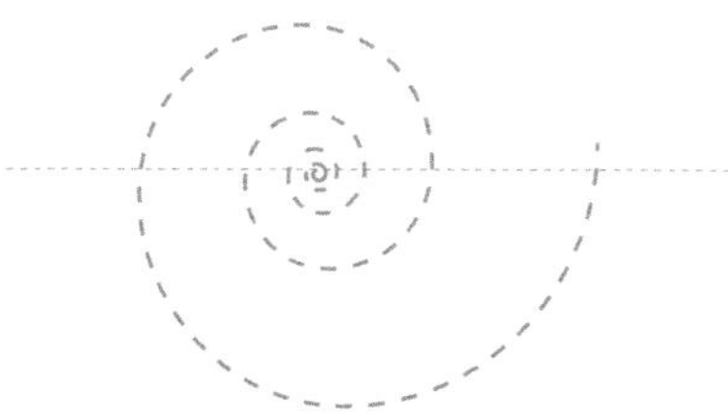

AUTO-APPARTENANCE

Comme nous l'avons vu, certaines phrases sont dépourvues de fondement. Nous avons donné l'exemple de l'énoncé : « cette phrase est vraie ». Toute tentative de vérification se transforme en un cercle dont il est impossible de sortir. La phrase se superpose avec la réalité qu'elle représente, la correspondance est trop entière. Chaque fois que vous essayez d'établir la vérité, le critère qui vous permettait de le faire vous glisse entre les doigts.

Introduction aux ensembles

Un phénomène apparenté existe dans la théorie des ensembles, connu sous le nom de « théorie des ensembles mal fondés ». Un ensemble désigne une collection d'objets (que l'on appelle éléments de l'ensemble). Un ensemble est identifié par les éléments qu'il comprend, de sorte que deux ensembles ne peuvent pas avoir les mêmes éléments. Une règle qui s'appelle l'axiome de fondation garantit que les ensembles sont bien fondés ; c'est-à-dire qu'elle interdit qu'un ensemble soit un élément de lui-même, ou l'élément d'un de ses éléments, etc.

Cet axiome, cependant, est accessoire et presque formel. La théorie des ensembles est logiquement consistante même sans l'axiome de fondation, pourvu que la théorie des ensembles le soit avec l'axiome.

Les ensembles mal fondés ont été explorés pour toute une variété d'applications.

Considérez un ensemble s avec un seul élément, s lui-même. Nous pouvons écrire s ∈ s – abréviation de « s est un élément de s », ce qui s'écrit aussi s = {s} signifiant que « s est le singleton qui n'a que s pour élément ». Cela donne une chaîne infinie, dans laquelle s est un élément de s qui est un élément de s qui est un élément de s… Ce qui peut aussi s'écrire s ∈ s ∈ s ∈ s ∈ s…

Cela vous paraît familier ? C'est que cet ensemble mal-fondé ressemble beaucoup à cette phrase sans fondement « cette phrase est vraie ». Pour identifier s, il faut regarder son élément. Mais s est son seul élément. On peut déplier s, mais on ne trouvera rien d'autre que le même s qui se cache à l'intérieur et qui attend son tour d'être déplié pour qu'on trouve encore s…

À présent, considérez v, distinct de s en tant que v est le seul ensemble contenant v pour seul élément. Ou, pour le dire autrement, v = {v}. Le même raisonnement que ci-dessus donne ***v* ∈ *v* ∈ *v* ∈ *v* ∈ *v*…**

L'ensemble ***v*** est différent de l'ensemble s, mais ils partagent tous deux cette propriété d'auto-appartenance, et d'être à eux-mêmes leur singleton. Vous ne pouvez entrer ni dans l'un ni dans l'autre, mais vous savez que des ensembles ne peuvent être distingués que par les éléments qui les composent.

Le fondement ultime de leur différence nous échappera donc toujours (on peut comparer avec la différence entre « cette phrase est vraie » et « this sentence is true »).

Avant de finir sur les ensembles mal fondés, considérons à présent les ensembles a et b (où a est différent de b) de telle manière que a = {b} et b = {a}. Dans ce cas, a est un singleton, ensemble ne comportant qu'un seul élément, qui est b. En retour, b est aussi un ensemble ne comportant qu'un seul élément, a. Du coup nous avons cette étrange vérité sans fin : ……***a* ∈ *b* ∈ *a* ∈ *b* ∈ *a* ∈ *b* ∈ *a* ∈ *b* ∈ *a*…**

Nous ouvrons une boîte pour en trouver une que nous ouvrons et dans laquelle nous trouvons la première à nouveau…

Cette relation mal fondée ressemble de façon frappante à la relation qui existe dans le symbole du yin et du yang, où le yin (noir) à la fois entoure le yang (blanc) et en est le cœur ; le yang, de la même façon, entoure le yin et en est le cœur.

Non-appartenance

Groucho Marx a dit cette phrase restée célèbre : « Je refuse de faire partie d'un club qui m'accepterait comme membre ». Trait d'esprit, bien sûr, mais aussi illustration du paradoxe de Bertrand Russell sur l'ensemble de tous les ensembles qui ne se contiennent pas eux-mêmes comme élément (ou membre).

Avant Russell, les logiciens considéraient généralement qu'on peut former un ensemble à partir de toute collection d'objets. Par exemple, pour une propriété ou un attribut donnés, on pouvait créer l'ensemble des objets x ayant la propriété P, et écrire cet ensemble : $\{x : Px\}$.

Mais Russell a démontré que ce principe, appelé axiome de compréhension, était faux. Astucieusement, il proposa de donner à son objet l'attribut « n'est pas un membre de soi-même ». C'est-à-dire que Px est $x \notin x$. Dans ce cas, il doit y avoir un ensemble $\{x : x \notin x\}$ qui contient tous les ensembles qui ne sont pas membres d'eux-mêmes.

Un exemple : une encyclopédie qui liste toutes les encyclopédies qui ne contiennent aucune entrée se rapportant à elles-mêmes.

Jusque-là, tout va bien. Mais qu'en est-il de l'ensemble ? Quelles sont ses propriétés ? Devrons-nous lister tous les objets qui peuvent se prévaloir de « ne pas être un membre de soi-même » ? Et notre encyclopédie, doit-elle contenir une mention de sa propre existence ?

À première vue, on dirait que non, puisque si notre encyclopédie inclut un renvoi à elle-même, alors nous dérogeons à la règle « ne pas être membre de soi-même ». Donc, nous éviterons toute mention de l'encyclopédie dans l'encyclopédie et ainsi la condition est satisfaite, du moins en apparence.

À présent, notre encyclopédie ne se mentionne pas elle-même. Et c'est là que le paradoxe devient évident. En omettant de se mentionner, l'encyclopédie répondra à la condition de « ne pas être membre de soi-même ». Mais alors il faudrait la lister au même titre que les autres encyclopédies qui ne font pas référence à elles-mêmes. Or, comme nous l'avons vu, ce serait déroger à la règle de ne pas être membre de soi-même.

Le paradoxe de Russell a fait faire un pas en avant à la théorie des ensembles. Quant à notre compilateur d'encyclopédies, il n'ira nulle part, c'est à craindre. Si l'encyclopédie se cite, elle ne devrait pas, mais si elle ne se cite pas dans la liste, elle le devrait. Pour le malheureux éditeur de cette encyclopédie, le paradoxe est insoluble – le seul moyen d'y échapper serait de devenir fou…

UNE JE POUR MOI

Comme nous l'avons vu, la référence est une chose que nous faisons et que nos mots font. Les mots et les phrases (dont celle-ci) parlent d'eux-mêmes. Il peut en résulter, parfois, un paradoxe, mais il se dissipe comme si de rien n'était. Cependant l'autoréférence, quand elle est personnelle, fait apparaître un certain nombre d'énigmes et de mystères.

En parlant de moi

Nous connaissons tous des personnes à qui il manque cette politesse élémentaire de ne pas parler d'autre chose que d'eux-mêmes. L'autoréférence personnelle est un faux pas en société, de même que les affirmations sans fondement comme « cette phrase est vraie » sont un faux pas en logique. Dans ce dernier cas, ce n'est pas d'un vrai faux pas qu'il s'agit ; dans le premier, on se prend les pieds dans le tapis.

L'autoréférence est une part importante de la perception que nous avons de nous-mêmes et de la perception que demeurons les mêmes à travers les changements. Toutes mes expériences sont irréductiblement miennes, ce qui semble impliquer qu'elles supportent quelque référence à moi comme sujet et témoin principal de ces actions. Et lorsque je m'éveille le matin, je me réfère à celui qui s'est endormi la veille, et qui était moi, le même que celui qui vient d'ouvrir les yeux.

Réflexivité

La célèbre phrase de Descartes « je pense, donc je suis » tire du chapeau de l'expérience un lapin métaphysique. Notre expérience incite à l'autoréférence, de même qu'elle la légitime. Êtes-vous un événement ou une personne ? Êtes-vous un qui ou un quoi ?

La loi de l'éponyme de Stiegler

Le mérite est rarement attribué au plus méritant. L'histoire célèbre souvent un esprit éminent mais secondaire, tandis que les inventeurs véritables sont oubliés. Les lois et les découvertes sont souvent attribuées non à ceux qui les ont trouvées, mais à des penseurs plus célèbres quoique moins puissants. Cette tendance est si répandue qu'elle a été formulée comme une loi : la loi d'éponymie de Stiegler, selon laquelle aucune découverte scientifique n'est nommée d'après son découvreur original. Stephen Stiegler a donné son nom à cette loi, mais a eu la perspicacité historique de l'attribuer à quelqu'un d'autre.

Je suis moi

Quiconque prononce la phrase « je suis moi » dit à coup sûr une vérité. C'est trop facile de ne prendre cet énoncé comme une tautologie dépourvue de sens, aussi vide que l'égalité A= A. Certainement, personne ne contredira pareille affirmation – enfin, presque personne ! Le grand philosophe allemand Hegel a conclu dans sa Science de la logique que A n'est pas A, et qu'il y a une « identité de l'identité et de la non-identité »). Quoi qu'il en soit, je, moi et moi-même savons qu'il y a une différence entre ces identités. A= A n'est jamais purement informatif, et dans certains cas « je suis moi » peut être une révélation.

Cela m'est arrivé à moi, Michael Picard, peu de temps après mon quatrième anniversaire. J'étais assis sur un vieux fauteuil rembourré, dont la bourre s'échappait des accoudoirs. Mes frères et sœurs aînés avaient parfois essayé de faire croire aux plus jeunes qu'ils mangeaient la bourre : ils faisaient des boules de mie de pain et en rigolant les fourraient dans leur bouche. Comme je n'étais pas le plus jeune des enfants, j'avais deviné leur tour de passe-passe. Mais ce jour-là, il se trouvait que j'étais seul, à manger du pain dont j'avais roulé la mie, faisant semblant que c'était de la bourre ; je mordis à pleines dents et fus très surpris de constater que c'était… du pain. C'est-à-dire que j'avais réussi à m'abuser moi-même. Ce fut ma première expérience existentielle, la révélation me vint comme une surprise : « je suis moi ».

Ce ne fut que des années plus tard que j'appris la distinction établie par le philosophe et psychologue américain William James entre le Je sujet de mon expérience et le Moi objet de mon expérience. Je suis le témoin de mon expérience – le Je est moi-même en tant que sujet de ma subjectivité. Mais je fais aussi l'expérience de moi-même comme objet – par exemple quand je touche mon corps et que je dis « c'est moi », comme pour me rappeler mon existence corporelle. Cet objet, ce moi, est aussi valable pour d'autres sujets, d'autres personnes dans mon environnement, comme mes parents et mes frères et sœurs. Le Moi est physique et social, le Moi est partagé publiquement, cependant que le Je est personnel et mental : le Je reste privé.

Pour réussir à me jouer un bon tour, j'ai dû séparer le sujet et l'objet. Le Je

LE PARADOXE DU MENTEUR

Ce qu'on appelle le paradoxe du menteur remonte à la Bible et se trouve dans une lettre de Saint Paul à Tite : « les Crétois sont toujours des menteurs, de méchantes bêtes, et des ventres paresseux. » (*Épître à Tite*, chap. 1, v. 12)

Mais Saint Paul n'en dit pas davantage sur les Crétois, car il lui importe plus de s'ériger en censeur moral que de repérer des erreurs logiques. Mais si, comme le dit Paul, ce témoignage est vrai, alors tous les Crétois sont des menteurs. Si les menteurs mentent toujours, alors ce témoignage est un mensonge. Paul ne devrait pas prétendre, alors, que ce témoignage est vrai. Si, contrairement à ce que dit Paul, le témoignage n'est pas vrai, alors les Crétois ne sont pas tous toujours des menteurs, ce qui signifie que parfois ils ne sont pas des menteurs.

Comment ne pas mentir ?

Malgré cette formule maladroite du Nouveau Testament, le paradoxe du menteur n'a pas grand-chose à voir avec les mensonges. Les menteurs sont une catégorie de personnes et être toujours menteur, c'est appartenir toujours à cette catégorie. Mais les personnes de cette catégorie ne mentent pas toujours nécessairement. Il suffit à quelqu'un pour être un vrai menteur, de mentir régulièrement ou suffisamment souvent pour qu'on n'attende pas de lui qu'il dise la vérité. De plus, on dit toujours un mensonge dans l'intention de tromper. Alors, quoique la phrase « je mens » puisse être, à tort, prise pour une version du paradoxe du menteur, c'est en fait un acte d'énonciation raté.

Maintenant, cette affirmation non dissimulée de « je mens » n'est pas la manière de faire des menteurs qui en général doivent plutôt dissimuler le fait qu'ils mentent. Pour être crédible, un menteur doit dire beaucoup de vérités pour pouvoir faire passer un mensonge en douce. Avouer ouvertement qu'on est en train de mentir à l'instant même, c'est vendre la mèche et ne tromper personne. Une personne qui dit qu'elle vous ment ne vous trompe pas, et c'est une piètre tentative de mensonge. Quelqu'un qui dit qu'il ment dit certainement des choses fausses, mais cependant l'intention de tromper est annulée par l'aveu du mensonge.

Un menteur peu crédible

Les meilleures formulations du paradoxe du menteur ne mentionnent pas le mensonge. Elles mentionnent seulement la vérité ou le fait qu'elle fasse défaut. Les exemples suivants indiquent la fausseté.

1 Ce que j'affirme à présent est faux.
2 Cette phrase est fausse.
3 La proposition exprimée dans la phrase précédente est fausse.
4 La proposition exprimée par la phrase présente est fausse.

Les énoncés **1** et **2** sont les formulations les plus directes. L'énoncé **3** introduit la notion importante mais problématique de proposition. Une phrase est une simple suite de mots. Quand une phrase est employée pour énoncer une vérité, on parle de proposition. On peut dire une même chose de plusieurs manières en utilisant par exemple différents mots tandis qu'une proposition reste toujours la même. Des phrases très différentes (par exemple, en deux langues différentes) peuvent exprimer la même proposition. Les propositions sont des objets abstraits que les philosophes considèrent comme les premiers porteurs de la valeur de vérité. Les phrases, les pensées et les croyances sont dites vraies ou fausses pour autant qu'elles représentent une proposition vraie ou fausse. L'énoncé 4 situe le paradoxe dans la proposition, pas simplement dans la phrase qui sert à l'exprimer.

La loi de la bivalence

Essayez de montrer en quoi les énoncés 1 à 4 sont d'authentiques paradoxes. (Commencez par poser que chacun est vrai, et prouvez que c'est faux ; puis posez que chacun est faux, et prouvez que c'est vrai.)

Si vous faites bien attention, vous remarquerez que vos arguments dépendent de la loi de bivalence, qui pose que chaque proposition est soit vraie soit fausse (parallèle intéressant avec la thèse des degrés de vérité, voir p. 43).

Mettre en question la bivalence implique qu'on pose qu'il y a des valeurs de vérité entre le vrai et le faux absolus. Des demi-vérités, des degrés de vérité, ou un troisième terme ont été proposés. Peut-être qu'entre le vrai et le faux existe quelque chose, disons, d'indécidable. Vu de cette manière, la phrase 2 n'est peut-être pas fausse comme elle le prétend, mais indécidable – mais il ne s'ensuit pas qu'elle soit vraie. C'est ainsi qu'on évite le paradoxe.

L'INDÉCIDABILITÉ

Une troisième valeur de vérité comme l'indécidabilité peut certes nous éviter un paradoxe, mais pour nous faire tomber dans un autre paradoxe, tout aussi sournois Exemple : « Cette phrase est soit indécidable soit fausse ». En admettant qu'il y ait trois valeurs de vérité, montrez qu'il y a contradiction même sans bivalence.

Indice. Une disjonction est indécidable si au moins un de ses termes est indécidable.

Des paradoxes peuvent surgir même sans postuler la bivalence. Une autre façon de s'en apercevoir est de remplacer « faux » par « non-vrai », dans nos exemples. Vous vous apercevrez alors que le raisonnement est sous-tendu par un autre principe logique. Il est connu sous le nom de Loi du tiers exclu, il postule qu'une proposition est soit vraie soit non vraie. Dans la pratique, il est difficile de se passer de la loi de bivalence et du principe du tiers exclu mais certains philosophes ont eu l'ingénuité de s'y essayer.

SOLUTION

Si la phrase est vraie, alors elle est soit indécidable soit fausse. Si elle est fausse, elle n'est ni indécidable ni fausse. Donc elle n'est pas fausse. Puisqu'elle n'est ni vraie ni fausse, elle est indécidable. Mais si elle est indécidable, le premier terme de la disjonction est vrai. Mais il s'ensuit alors que « cette phrase est soit indécidable, soit fausse » est vraie !

DES PARADOXES MINUSCULES AUX VÉRITÉS GRANDIOSES

Certains paradoxes sont divertissants, d'autres sondent les profondeurs de la pensée logique. Nous verrons ici que la frontière est très mince entre certains paradoxes pleins d'esprit et des théorèmes fondamentaux.

Nous avons vu que le paradoxe du menteur n'est pas vraiment une histoire de mensonge puisqu'il est possible de le formuler sans mention du mensonge ou sans les conséquences d'une intention de tromper. Il suffit de faire intervenir la fausseté ou juste les catégories de vérité et de négation. Mais il apparaît en fait que ni la fausseté ni la négation ne sont des concepts nécessaires. On peut tomber dans un paradoxe sans qu'il y ait aucun de ces deux concepts, seulement à partir de la notion de vérité et du pouvoir de l'autoréférence.

Par exemple : appelons ***A*** une phrase quelconque. Appelons ***B*** la phrase suivante :

B) : Si ***B*** est vraie, alors ***A*** aussi.

Clairement, si ***B*** est vraie, alors l'antécédent (ou la condition) de ***B*** est vrai. Mais si la phrase ***B*** conditionnelle est vraie, alors sa conséquente doit aussi l'être. ***A*** est la conséquente de ***B***, donc ***A*** doit être vraie.

Cela semble aller de soi… à ceci près que nous avons vu au départ que ***A*** vaut pour *n'importe quelle phrase*. Notons de plus que, ce faisant, nous n'avons utilisé aucune négation, ce qui montre que ce qu'on appelle le paradoxe du menteur peut surgir d'une combinaison de vérité et d'auto-référence.

Un mensonge indémontrable

Il y a quelque chose d'intéressant avec ces paradoxes d'autoréférence, si nous remplaçons l'idée de vérité par l'idée de preuve. Au lieu de tomber dans une contradiction, on dévoile l'un des plus importants théorèmes de la logique, à savoir le théorème d'incomplétude, de Kurt Gödel. Commençons par un autre paradoxe spécieux, et voyons ce qui cloche.

« Ce que je dis ne peut pas être prouvé. » Posons que cette assertion peut être prouvée. Alors ce qu'elle affirme doit être vrai. Mais justement elle dit qu'elle ne peut pas être prouvée. Si nous posons qu'elle peut être prouvée, nous prouvons qu'elle ne peut pas être prouvée. Puisque cette voie est barrée, alors essayons de prendre un autre chemin : supposons qu'elle ne peut pas être prouvée. Mais comme c'est précisément ce qu'elle dit (qu'elle ne peut pas être prouvée), alors elle est vraie après tout. Et voilà qu'on a prouvé une assertion qui dit ne pas pouvoir l'être !

Le problème

Ce n'est pas un vrai paradoxe parce qu'il repose sur l'ambiguïté du mot « preuve ». Au sens courant, une preuve est juste une grande évidence. Toute chose que vous pouvez montrer vraie est prouvée en ce sens. Tandis qu'en mathématiques, cela correspond à une définition plus précise. Une preuve est une démonstration Une démonstration est une séquence finie de formules correctement écrites (par exemple, en langage arithmétique), qui sont soit une instance d'axiome soit la conséquente tirée des formules précédentes selon certaines règles de déduction.

Ces règles sont définies formellement pour qu'on puisse passer d'une vérité à une autre. L'ensemble des formules susceptibles d'être démontrées est toujours défini relativement à un langage formel donné, à un ensemble d'axiomes énoncés dans ce même langage, à un ensemble de règles autorisées. Si on s'en tient à cette notion bien définie de démontrabilité dans un système logique donné, alors les arguments des paradoxes discutés plus haut peuvent être considérés comme fallacieux.

Du paradoxe au théorème

Plutôt qu'un vrai paradoxe, voilà qu'on découvre un fait remarquable des mathématiques : les mathématiques sont incomplètes. On peut distinguer les concepts de démontrabilité et de vérité par une définition précise de la notion de démontrabilité.

L'ensemble des vérités de l'arithmétique, par exemple, n'est pas nécessairement le même que l'ensemble des théorèmes démontrables dans une axiomatisation de l'arithmétique donnée. En fait, ces ensembles ne sont pas les mêmes. Bref, aucun système arithmétique ne peut prouver toutes les vérités mathématiques.

Gödel a construit, pour chaque système arithmétique, une formule arithmétique vraie mais indémontrable dans ce système. Cette formule pourrait être démontrée dans un système différent (ayant pour point de départ un ensemble différents d'axiomes) mais ce système aurait aussi un trou et laisserait de côté certaines vérités de l'arithmétique.

Mais comment Gödel démontre-t-il cette incomplétude ? Il propose un moyen simple et magistral d'exprimer une formule dans chaque système qui affirme sa propre indémontrabilité à l'intérieur de ce système. Cette formule dit quelque chose comme : « je suis indémontrable ». Gödel y parvient en traitant les démonstrations comme des assertions arithmétiques. Il numérote toutes les formules, puis toutes les séquences de formules. En codant de cette manière, il trouve toujours le numéro de la formule qui dit : « cette assertion n'est pas démontrable dans ce système ».

Si elle était démontrable à l'intérieur de ce système, la formule est fausse – et donc c'est qu'elle s'avère en effet indémontrable. Dans ce cas, c'est le système tout entier qui devient problématique, puisqu'il est en mesure de démontrer une assertion fausse.

Si, en revanche, la formule est indémontrable dans ce système, alors elle est vraie. Il est possible de connaître la formule, mais il n'est pas possible d'en donner la démonstration. Donc le système est incomplet.

Exercice 3

Le paradoxe de Yablo

PROBLÈME

« Beaucoup sont appelés, peu sont choisis. » En d'autres termes, il y a une file d'attente infinie pour accéder au paradis, mais tout le monde n'est pas digne d'y entrer.

Chacun, dans la file, se demande s'il sera le dernier et si les autres sont honnêtes et ont des pensées sincères.

Supposons qu'à un moment donné, chacun dans la file se dise ceci : « Ce que tous les autres derrière moi pensent à cet instant n'est pas la vérité. »

Démontrez que ce que les personnes de la file pensent à cet instant est paradoxal, à la fois vrai et faux.

MÉTHODE

En fait, ce paradoxe est une adaptation de celui qu'a proposé Roy Sorensen, qui s'est lui-même inspiré du paradoxe original de Stephen Yablo. Nous utilisons ici le paradoxe de Yablo pour résoudre le problème de la file d'attente infinie.

Il consiste en une liste infinie de phrases auxquelles on ne peut attribuer de valeur de vérité (VRAI / FAUX) par la logique.

1) Toutes les phrases qui suivent sont fausses.
2) Toutes les phrases qui suivent sont fausses.
3) Toutes les phrases qui suivent sont fausses.
k) Toutes les phrases qui suivent sont fausses.

Pour comprendre le problème, il faut voir que la première phrase ne peut être ni vraie ni fausse. C'est-à-dire que nous cherchons à montrer que si la proposition (1) est vraie, il y a contradiction. S'il y a contradiction, cela montre que (1) est fausse. Mais aussi bien, si (1) est fausse, il s'ensuit une contradiction aussi. Voici pourquoi.

Si (1) est vraie, alors les phrases qui la suivent sont fausses (puisque c'est justement ce que la proposition (1) affirme). Mais si toutes les phrases qui suivent (1) sont fausses, alors les phrases qui suivent (2) sont fausses également ((2) est un sous-ensemble de l'ensemble des phrases suivant (1)). Dans ce cas, il est évident que les phrases (3) et les suivantes sont fausses. Remarquez que c'est exactement ce que dit (2), donc (2) est vraie ! Ainsi, si la phrase (1) est vraie, la phrase (2) est à la fois vraie et fausse ! Ceci étant impossible, il s'ensuit que la phrase (1) est fausse.

À présent, si nous supposons que la phrase (1) est fausse, alors toutes les phrases qui la suivent ne sont peut-être pas fausses.
En d'autres mots, au moins une des phrases qui suivent la (1) doit être vraie. Appelons cette phrase (k). La phrase (k) est vraie : ainsi, chaque phrase après (k) sera fausse – à commencer par (k+1), puisque c'est précisément ce qu'affirme (k). Logiquement, chaque phrase après (k+1) sera fausse. Or c'est exactement ce que dit (k+1) ! Donc (k+1) est vraie… mais nous venons de voir qu'elle est fausse, puisqu'elle suit la phrase (k), qui est vraie… Alors, si la phrase (1) est fausse, la contradiction est seulement reportée à plus tard. La phrase (1) ne peut être vraie, mais ne peut être fausse non plus. Voilà le paradoxe.

Remarquez cette phrase : si la phrase (1) est vraie, toutes celles qui suivent sont fausses (comme (1) le dit). Remarquez également que ce qui fait que chaque phrase de la liste est vraie, est déjà impliqué par ce qui fait que (1) est vraie, puisque les phrases qui suivent se réfèrent toujours à un sous-ensemble de la liste de phrases auquel la phrase (1) se réfère elle-même. Par conséquent, si la phrase (1) est vraie, toutes les autres le sont aussi et cela constitue un paradoxe, puisque les phrases qui suivent sont à la fois vraies et fausses. Ainsi, (1) doit ne pas être vraie ; mais alors, comme nous venons de le voir, la contradiction est simplement reportée. Au moins une des phrases qui suivent doit être vraie, et alors chaque phrase après elle sera paradoxale.

SOLUTION

Le paradoxe de Yablo est une variation à l'infini du paradoxe du menteur (voir p. 60). À la différence des autres paradoxes de ce type, il ne semble pas impliquer d'autoréférence (voir p. 54), même si ce point est sujet à controverse (est-ce que chacun, dans la file d'attente, se réfère à sa propre pensée ?). Ce problème est important car l'élimination de l'autoréférence a été quelquefois présentée comme une solution à tous les paradoxes. Une telle solution poserait problème dans ce livre, non seulement pour la théorie de l'autoréférence, mais aussi parce que ce livre n'aurait plus de raison d'être.

Une telle menace ne doit pas nous empêcher de rappeler que l'énigme de la file d'attente peut être considérée comme paradoxale sous l'aspect suivant : supposons que quelqu'un dans la file pense une pensée vraie à l'instant t. Appelons cette personne k. Puisque les pensées de k sont vraies, alors chacun après k n'a pas de pensée vraie (k serait alors le dernier dans la queue à pouvoir entrer au Paradis, puisque le Paradis est interdit à ceux qui n'ont pas des pensées vraies). Et si les pensées de chacun des individus se trouvant après k ne sont pas vraies, alors, *a fortiori*, les pensées des individus après k + 1 ne sont pas vraies non plus. Cela fait que la pensée de k + 1 est à la fois fausse (car k + 1 vient après k, et que tous ceux après k ont des pensées fausses) et vraie – paradoxalement (puisqu'un sous-ensemble de ceux-ci a nécessairement des pensées fausses). Il s'ensuit que les pensées de k à l'instant t ne sont pas, en fin de compte, vraies. Ainsi, au moins une personne j > k a une pensée vraie au même moment. Il s'ensuit, par un raisonnement similaire, que la pensée qui est à l'esprit de j + 1 sera en même temps fausse et vraie.

Chapitre

4

Paradoxes mathématiques

Les nombres et l'infini sont le lieu de maints paradoxes, à la fois évidents et authentiques, amusants, et de vrais casse-tête. Avant d'examiner quelques paradoxes, nous nous plongerons dans des énigmes qui ne peuvent être résolues que grâce à la théorie mathématique de l'infini. Les infinis sont étranges en ceci qu'ils ont la même taille et qu'ils sont partie les uns des autres, tout à la fois… Et parce que ce sont des infinis faits d'infinis, si bien que pour chaque infini, il y a un infini plus grand. Il y a bien plus que le tout dans l'infini.

FAUSSES DÉMONSTRATIONS

Le paradoxe suivant est attribué au mathématicien et logicien britannique Augustus de Morgan (1806-1871). Il est époustouflant. De Morgan prouve en utilisant une algèbre élémentaire que si $x = 1$ alors $x = 0$; une conclusion tellement absurde qu'il ne peut qu'y avoir une erreur. Mais où ? Voici son raisonnement.

Étape 1 : $x = 1$

Étape 2 : multiplions chacun des membres de l'équation par x
$x^2 = x$

Étape 3 : soustrayons 1 à chaque membre
$x^2-1 = x-1$

Étape 4 : divisons chaque membre par $x-1$
$$\frac{x^2-1}{x-1} = \frac{x-1}{x-1}$$

Maintenant, depuis le lycée vous savez que $x^2-1 = (x+1)(x-1)$. Si vous ne vous en souvenez pas, faites une recherche internet sur « identité remarquable ». Continuons…

Étape 5 : $$\frac{(x+1)(x-1)}{x-1} = \frac{x-1}{x-1}$$

Étape 6 :éliminons le facteur $(x-1)$
$$\frac{(x+1)\cancel{(x-1)}}{\cancel{x-1}} = \frac{\cancel{x-1}}{\cancel{x-1}}$$

Étape 7 :donc $x+1 = 1$

Étape 8 :soustrayons 1 de chaque membre
$x = 0$

Magnifique ! Une parfaite démonstration que si $x = 1$ alors $x = 0$. Parfait paradoxe s'il en est !

En fait, ce n'est pas vraiment un paradoxe mais plutôt une illusion. Un vrai paradoxe touche à l'absurde, à la surprise ou à la contradiction par des moyens valides en apparence. Mais dans ce cas le raisonnement comporte une rupture franche, quoique difficile à repérer. Conscient de cela, de Morgan a proposé sa « démonstration » plutôt comme une énigme ou une curiosité.

Avant de continuer, pourquoi ne pas essayer de repérer cette erreur vous-même ?

UN DÉFI...

Examinez cette équation selon laquelle 2 = 1. Cherchez l'erreur.

Étape 1 : soit a et b égaux et non nuls	a = b
Étape 2 : multiplions chaque membre par a	a2 = ab
Étape 3 : soustrayons b2	a2–b2 = ab–b2
Étape 4 : factorisons	(a+b)(a–b) = b(a–b)
Étape 5 : divisons par (a–b)	a + b = b
Étape 6 : soit a = b selon l'hypothèse de départ, alors...	b + b = b
Étape 7 : donc	2b = b
Étape 8 : divisons chaque membre par b	2 = 1

SOLUTION

Encore une fois, l'erreur consiste en une division par 0, cette fois à l'étape 5.

Le défaut dans la démonstration de Morgan

L'erreur se situe à l'étape 4 où les deux membres sont divisés par x−1. Cela paraît anodin jusqu'à ce que vous vous souveniez que le raisonnement commence par, x = 1. Donc diviser par x−1 revient à diviser par 0, ce qui est la dernière des choses à faire en mathématiques.

Pour comprendre pourquoi la division par 0 est exclue en mathématiques, nous devons nous référer à la définition de la division. C'est l'inverse de la multiplication. Autrement dit, a ÷ b = c signifie la même chose que c x b = a. Par exemple, 8 ÷ 4 = 2 signifie 2 x 4 = 8.

Essayer de diviser par 0 conduit à toutes sortes d'ennuis. Par définition, a ÷ b = c signifie c x b = a. Mais que se passe-t-il si b = 0 ? Dans ce cas, nous avons, a ÷ 0 = c, ce qui veut dire que c x 0 = a. mais cela n'a aucun sens. Si a est non nul, alors il n'existe aucune valeur de c telle que c x 0 = a ; et si a alors c peut avoir n'importe quelle valeur. La division par 0 est donc exclue en mathématiques. Donc l'étape 4 de la démonstration de Morgan est impossible. Le raisonnement qui s'ensuit est donc dépourvu de sens.

L'ÉNIGME DU DOLLAR MANQUANT

Les puristes seront outrés de trouver dans ce livre des paradoxes une simple énigme. Mais l'énigme du dollar manquant correspond à la définition du paradoxe au sens large telle que nous l'avons introduite : une conclusion absurde, contradictoire ou contre-intuitive dérivée d'un raisonnement valide en apparence. En tout cas, l'énigme du dollar manquant est trop amusante pour qu'on la laisse de côté.

Trois personnes dînent au restaurant. À la fin du repas, le serveur apporte l'addition de 30 $. Chaque convive contribue de 10 $.

Le serveur amène la monnaie à la gérante qui lui dit qu'il y a une erreur dans l'addition. Le coût du repas s'élève à 25 $. Donc les convives ont payé 5 $ de trop.

La gérante donne au serveur 5 billets d'1 $ et lui dit de les rendre aux clients. Seulement voilà, le serveur n'est pas très honnête : au lieu de rendre les 5 billets de 1 $, il en rend seulement 3. Il en remet un à chaque client et en garde 2 pour lui.

Mais il y a quelque chose qui cloche. Les trois convives ont donc payé 9 $ chacun pour un total de 27 $, pendant que le serveur en a empoché 2. Mais 27 $ et 2 $ en font 29 et non pas 30. Où est le dollar manquant ?

Un grand classique

L'énigme du dollar manquant est un casse-tête classique, une sempiternelle devinette qu'on ressort chaque fois pour épater une nouvelle génération de victimes.

En 2003, elle a servi à une chaîne d'emails qui faisait la promesse bidon « envoyez cette énigme à 5 personnes et la réponse apparaîtra sur votre écran ». L'engouement pour cette énigme tient à sa nature quasi paradoxale.

Une histoire très simple combinée à une arithmétique élémentaire conduit à une conclusion déroutante. Même quand la solution est donnée, nombreux sont les mécontents qui continuent à ruminer le dollar manquant.

UNE AUTRE ÉNIGME

Voici une autre histoire de dollar manquant. Essayez de la résoudre.

Un homme vend des pommes sur un marché : trois grosses pommes pour 1 dollar ou cinq petites pour 1 dollar. À l'heure du déjeuner, l'homme confie son étal à sa fille. Avant de s'en aller, il compte les pommes qu'il lui reste. Il y a 30 grosses pommes et 30 petites.

Quand l'homme revient, sa fille annonce fièrement qu'elle a vendu tout le stock et lui remet 15 $. Le compte n'y est pas ! proteste le père. « 30 grosses pommes à 3 pour 1 dollar, cela fait 10 $ et 30 petites à 5 pour 1 dollar, cela fait 6 $! Il devrait y avoir 16 dollars. »

« Mais c'est tout l'argent que j'ai reçu », insiste la fille. « Et j'ai fait mes calculs avec soin. Une dame est venue et voulait acheter toutes les pommes. Plutôt que de savoir lesquelles étaient grosses et lesquelles étaient petites, je lui ai fait un prix moyen de 4 $. Il y a quinze quarts dans 60 pommes, ce qui fait un total de 15 dollars. »

Qu'est-il arrivé au dollar qui manque ?

On a retrouvé le dollar manquant

L'énigme du dollar manquant est une arnaque plutôt astucieuse mais une arnaque quand même. Elle nous fait additionner les 27 $ payés par les convives aux 2 $ subtilisés par le serveur et après on s'étonne que le total ne fasse que 29 $. Mais il n'y a aucune logique d'additionner ces deux montants. Les 2 $ subtilisés par le serveur sont soustraits des 27 $ payés par les convives.

Pour le dire autrement, à eux trois les convives ont payé 27 $; 25 de ces dollars sont dans la caisse du restaurant et les deux autres sont dans la poche du serveur. Pas de problème, donc.

Ou encore : les trois convives ont donné 30 $ au serveur. 25 $ ont été encaissés, le serveur en a gardé 2, et les convives ont reçu 3 $. 25 + 2 + 3 = 30. Pas de problème !

En bref, il n'y a pas de dollar manquant.

SOLUTION

La fille a fait l'hypothèse qu'elle pouvait faire un prix moyen de quatre pommes pour un dollar, c'est-à-dire 25 cents par pomme En fait, le prix moyen par pomme s'élève à un peu moins de 27 cents par pomme. Le père a correctement calculé que le coût total des pommes est de 16 $. Divisez 16 par 60 et vous obtenez 26,6 cents par fruit vendu.

Un lot moyen de quatre pommes comporte deux grosses et deux petites. Les grosses coûtent 33,3 cents à l'unité (1$ divisé par 3) et les petites coûtent 20 cents à l'unité (1$ divisé par 5). Donc plutôt que quatre pommes pour un dollar, la fille aurait dû compter quatre pommes pour 1,066 $!

LE RAISONNEMENT PAR L'ABSURDE

En mathématiques, un paradoxe résulte parfois d'un raisonnement erroné (voir pp. 68-69). Une fois l'erreur identifiée, le paradoxe se dissipe mais que se passe-t-il quand on ne trouve pas d'erreur? Étonnamment, cela peut être une bonne chose.

Combien de nombres premiers?

Un nombre premier est un nombre naturel qui ne peut être divisé que par 1 ou lui-même. Ainsi, 7 est premier parce qu'il ne peut être divisé que par 1 et 7 tandis que 9 n'est pas premier, puisqu'il peut être divisé par 1,3 et 9. Les dix premiers nombres premiers sont 2, 3, 5, 7, 11, 13, 17, 19, 23 et 29.

Les nombres qui ne sont pas premiers peuvent toujours être fractionnés en nombres premiers (par exemple 30 = 2 x 3 x 5). Ce n'est évidemment pas le cas des nombres premiers.

Combien y a-t-il de nombres premiers? La liste progresse-t-elle à l'infini? Y a-t-il un dernier nombre premier? D'un côté, cette question semble insoluble. Après tout, nous ne pouvons pas tester tous les nombres entiers naturels pour savoir s'ils sont premiers puisqu'il en existe une infinité.

Euclide enquête

Toutefois, lorsque le mathématicien grec Euclide se penche lui-même sur ce problème il y a 2300 ans, il réussit à apporter une réponse définitive. Son raisonnement est le suivant:
Supposons qu'il existe un nombre fini de nombres premiers; le plus grand étant *p*. Ainsi s'étend la liste des nombres premiers:

2, 3, 5, 7, 11, 13... p

Maintenant multiplions tous ces nombres premiers ensemble afin d'obtenir un produit que nous nommerons n.

2 x 3 x 5 x 7 x 11 x 13 x... x p = n

Jusqu'ici tout va bien. Notez toutefois que chaque nombre premier est ainsi un facteur de n.

X

Considérez maintenant le nombre n + 1. De toute évidence, si nous le divisons par n'importe quel nombre premier, nous obtiendrons un reste de 1. Ainsi, n + 1 n'a aucun facteur premier.

Mais n'importe quel nombre qui n'a pas de facteur premier est par définition un nombre premier. Ainsi soit n + 1 est premier, soit il a un facteur premier plus grand que p, ce que nous ne nous expliquons pas. De toutes les façons, *p* n'est pas le nombre premier le plus grand.

C'est absurde. Nous avons un paradoxe. Nous commençons par supposer qu'il existe un plus grand nombre premier appelé *p* et nous démontrons que *p* n'est pas le nombre premier le plus grand.

Reductio ad absurdum

Étant donné la contradiction mise en évidence par l'analyse d'Euclide, notre premier réflexe est de chercher une erreur dans son raisonnement. Si on trouve une erreur, alors le paradoxe se réduit à une simple illusion. C'est précisément ce qui s'est passé dans le cas de la fausse démonstration de Morgan selon laquelle si x =1 alors x = 0.

Mais dans ce cas-ci, il n'y a pas d'erreur. Le raisonnement d'Euclide est impeccable. Nous nous trouvons dans une situation où l'affirmation qu'il existe un nombre premier plus grand que tous les autres mène inévitablement à la conclusion qu'il doit y en avoir un autre plus grand encore.

Étant donné que l'affirmation initiale mène logiquement à une absurdité, nous devons conclure que l'affirmation elle-même est fausse. Il est simplement erroné d'affirmer qu'il existe un nombre premier plus grand que tous les autres. Sachant cela, nous pouvons affirmer en toute certitude qu'il n'existe pas un nombre premier le plus grand. Il existe au contraire une infinité de nombres premiers.

Ce type de raisonnement dans lequel une proposition est prouvée en démontrant que son opposée mène à une contradiction s'appelle *reductio ad absurdum* (traduction latine de raisonnement par l'absurde).

Cette méthode subtile et indirecte est très prisée par les mathématiciens et les philosophes. En effet, le mathématicien G. H. Hardy la considère comme « l'une des armes les plus puissantes du mathématicien ».

QUELQUES PARADOXES SUR L'INFINI

Le paradoxe suivant nous vient d'Albert de Saxe (1316-1390), philosophe et logicien médiéval.

Un paradoxe à propos de cubes

Imaginez une poutre en bois de longueur infinie, de tranche carrée, qu'on coupe en cubes. Combien de cubes pouvons-nous faire ? Un nombre infini, évidemment.

Imaginez maintenant qu'on prenne un de ces cubes et qu'on l'entoure avec certains de ses semblables afin d'en constituer un plus grand (quelque chose comme un rubik's cube). Cela nécessite un total de 3 x 3 x 3 = 27 petits cubes. Nous pourrons alors entourer notre cube 3 x 3 x 3 pour en faire un de 5 x 5 x 5. Il faut en ajouter 98 : (53–33) petits cubes.

Nous pourrions continuer ainsi à l'infini. Pour transformer notre cube de 5 x 5 x 5 en cube de 7 x 7 x 7 il nous faudrait 218 petits cubes supplémentaires, et 386 en plus pour en faire un de 9 x 9 x 9 et ainsi de suite.

Le nombre de petits cubes nécessaires augmente de façon alarmante. Mais cela n'a pas d'importance, mais ce n'est pas un souci puisque nous avons un matériau infini. En effet, notre poutre de longueur infinie peut servir à construire un cube de volume infini.

Pour se rendre compte à quel point cela dépasse l'imagination, représentez-vous la poutre de départ comme très mince – disons, d'1 mm par 1 mm, mais s'étendant à l'infini. On pourrait, avec cette baguette très mince, remplir un volume tridimensionnel infini.

De plus en plus bizarre

Au 9e siècle, le mathématicien arabe Thabit ibn Qurra attira l'attention que le fait que l'infini peut être divisé en deux, mais que chaque moitié reste infinie. Par exemple, les séries infinies des nombres entiers naturels

(1, 2, 3, 4, 5, 6…) peuvent être divisées en impairs (1, 3, 5, 7, 9…) et pairs (2, 4, 6, 8…), qui forment eux-mêmes deux séries infinies. Ainsi l'infini moins l'infini égale… l'infini.

En 1638, le savant italien Galilée mit en lumière une autre caractéristique de l'infini. Une ligne contient un nombre infini de points. Mais pourtant certaines lignes sont plus longues que d'autres. Ainsi il semble que nous ayons quelque chose de plus grand que l'infini, puisque l'infini des points de la plus longue ligne est plus grand que l'infini de la ligne plus courte.

Preuve supplémentaire (si besoin est), que l'infini est un animal très étrange ; on le verra dans les pages qui suivent.

TAIS-TOI !

Quand mon frère Stephen et moi étions enfants, on se disputait souvent. Parfois, pour résoudre ces conflits fraternels sans recourir à la violence, nous usions de notre raison et nous avions le dialogue suivant :

Stephen : Tais-toi !

Gary : Tais-toi toi-même !

Stephen : Tais-toi deux fois !

Gary : Tais-toi trois fois !

Stephen : Tais-toi mille fois !

Gary : Un million de fois !
Stephen : Un million et une fois !

Gary : Tais-toi à l'infini !

Stephen : Tais-toi à l'infini plus un !

Gary (triomphalement) : Il n'y a rien de plus grand que l'infini !

J'ai toujours pensé que la dernière réplique était implacable. Mais pensez-vous que j'avais raison ? Lisez la fin du chapitre pour voir ce que vous en pensez.

LE PARADOXE DE GALILÉE

Le paradoxe le plus époustouflant sur l'infini fut découvert par le savant italien Galilée (1564-1642). Il l'a publié en 1638 dans son *Discours concernant deux sciences nouvelles.*

Les entiers naturels et nombres au carré

Prenez la liste des nombres entiers naturels (en d'autres termes, les entiers positifs) : 1, 2, 3, 4, 5, 6, 7…

Quelques secondes de réflexion vous convaincront que cette liste est infinie. Peu importe jusqu'où vous compterez, vous pourrez toujours y aller.

Maintenant, considérez la liste des nombres au carré. Vous obtenez un carré en multipliant un nombre par lui-même. Par exemple, 1 est un carré, puisqu'il est égal à 1 x 1. 4 est un carré, puisqu'il est égal à 2 x 2, etc. Ainsi s'allonge la liste des nombres carrés : 1, 4, 9, 16, 25, 36, 49…

À nouveau quelques secondes de réflexion devraient vous persuader que cette liste est elle aussi infinie. Aussi loin que vous irez, il y aura toujours plus de nombres carrés.

Alors, laquelle est la plus grande : celle des nombres entiers naturels, ou celle des nombres au carré ? Voyez si vous pouvez vous en débrouiller avant de poursuivre.

Entiers naturels contre carrés

La liste des entiers naturels contient les nombres carrés et ceux qui ne le sont pas. Alors que la liste des nombres carrés ne contient que ces derniers. Ainsi tous les nombres carrés sont contenus dans la liste des entiers naturels. En termes mathématiques, nous disons que les carrés forment un sous-ensemble (un sous-ensemble propre, pour être précis) de l'ensemble des entiers naturels. Par conséquent il y a clairement plus d'entiers naturels que de carrés.

Pour illustrer ceci, nous pouvons écrire les deux listes l'une au-dessus de l'autre :

Nombres entiers naturels
1 2 3 4 5 6 7 8 9 10 11 12 13 14 15 16…

Nombres carrés
1 4 9 16…

Il est clair comme de l'eau de roche que les entiers naturels surpassent en nombre les carrés. En fait, les carrés sont de plus en plus espacés au fur et à mesure que la liste des entiers naturels grandit.

Mais il y a une autre façon de voir les choses qui mène à de tout autres résultats. Demandez-vous précisément combien il y a de nombres carrés et vous verrez qu'il y a exactement un nombre carré par entier naturel. C'est parce que chaque entier naturel peut être multiplié par lui-même pour former un carré. Donc le nombre de carrés est égal au nombre des entiers naturels.

Pour illustrer cela, nous pouvons écrire les listes l'une au-dessus de l'autre.

Nombres entiers naturels
1 2 3 4 5 6 7 8 9 10 11…

Nombres carrés
1 4 9 16 25 36 49 64 81 100 121…

De toute évidence, les listes ont la même longueur.

L'infini, cet animal étrange

Voilà de paradoxe de Galilée. Un raisonnement méticuleux démontre que les entiers naturels surpassent en nombre les carrés. Mais un raisonnement tout aussi méticuleux démontre qu'il existe autant de carrés que d'entiers naturels.

Galilée y réfléchit profondément, et conclut que l'infini dépasse l'entendement humain. Plus précisément, il affirma que les prédicats « égal à », « supérieur à », « inférieur à » ne peuvent pas raisonnablement être appliqués aux quantités infinies, mais seulement aux quantités finies.

QUESTIONS D'INFINI

1. Combien y a-t-il de nombres pairs?
2. Combien y a-t-il de nombres impairs?
3. Quels sont les plus nombreux, les entiers naturels ou les nombres pairs?
4. Quels sont les plus nombreux, les nombres pairs ou les nombres impairs?

SOLUTION

Il y a une infinité de nombres pairs et de nombres impairs. Selon Galilée, les questions 3 et 4 n'ont pas de sens car les concepts de « supérieur à », « inférieur à » et « égal à » ne peuvent être appliqués à des quantités infinies. Galilée avait-il raison? Découvrez-le en lisant le chapitre jusqu'à la fin.

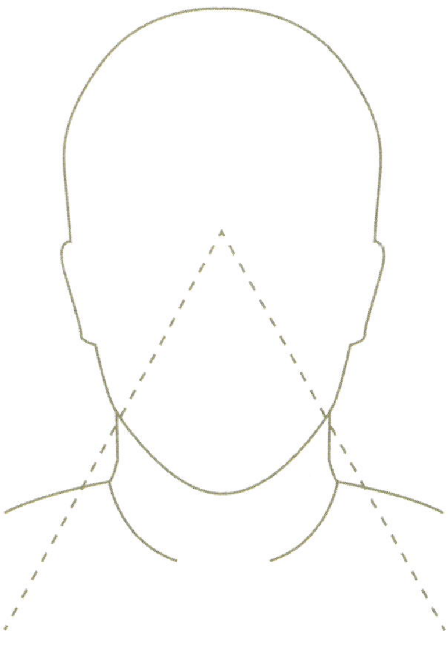

ENSEMBLES FINIS ET INFINIS

L'analyse perspicace de Galilée sur les nombres entiers naturels et les carrés a conduit au paradoxe décrit dans les pages précédentes. La liste des entiers naturels contient celle des carrés et non-carrés et pourtant il n'y a pas plus d'entiers naturels que de carrés.

Cela a convaincu Galilée que l'infini dépasse l'entendement humain et que les prédicats tels que « égal à », « supérieur à », « inférieur à » ne peuvent pas être appliqués aux quantités infinies.

Galilée a raisonné ainsi. Le concept d'infini soulève des paradoxes mathématiques. Par conséquent, l'infini doit être exclu de notre pensée. Inclure l'infini dans les mathématiques ou ailleurs ne peut mener qu'au désastre.

C'est l'opinion qui a prévalu pendant les deux siècles qui ont suivi. Mais c'est alors qu'arriva Georg Cantor, mathématicien allemand que l'exclusion de l'infini ne satisfaisait pas, et qui chercha à le comprendre.

La taille des ensembles

Les mathématiciens parlent parfois d'« ensembles » comme nous l'avons vu aux pp. 56-57. En résumé, nous pouvons penser un ensemble comme une collection d'objets ou d'éléments réels ou mentaux. Le nombre *cardinal* d'un ensemble est le nombre d'éléments qu'il contient. Par exemple, le nombre cardinal de l'ensemble des voyelles de l'alphabet latin {a, e, i, o, u} est 5.

Vous pouvez comparer le nombre cardinal ou la taille de deux ensembles finis en dénombrant leurs éléments. Par exemple, puisqu'il y a dans l'alphabet 5 voyelles pour 21 consonnes, l'ensemble des consonnes est plus grand.

Mais il y a parfois un moyen plus pratique de comparer la taille de deux ensembles. Supposez que vous vouliez comparer le nombre de filles et le nombre de garçons dans une cour d'école. Le moyen le plus rapide serait de les rassembler par paires fille/garçon, fille/garçon, fille/garçon… pour voir s'il reste des élèves. S'il reste des filles, l'ensemble des filles est plus grand. S'il reste des garçons, l'ensemble des garçons est plus grand. Si les garçons et les filles sont tous appariés, les deux ensembles sont de la même taille.

Il en va ainsi pour les ensembles finis, mais qu'en est-il des ensembles infinis ?

Apparier des ensembles infinis

Parfois, c'est une affaire toute simple d'apparier les éléments de deux ensembles infinis. Prenez les ensembles des nombres pairs et impairs, par exemple.

Impairs :	1	3	5	7	9	11	13	15	17
Pairs :	2	4	6	8	10	12	14	16	18

De toute évidence, les éléments peuvent être mis deux par deux et c'est logique, puisque nous pensons intuitivement que les deux ensembles ont le même nombre cardinal.

Mais pour les entiers naturels et les nombres carrés ? Galilée a montré qu'eux aussi peuvent être appariés, si on s'y prend de la bonne façon :

Nombres entiers naturels :
1 2 3 4 5 6 7…

Nombres carrés :
1 4 9 16 25 36 49…

Ceci laisse à penser que les deux éléments ont la même taille, quoiqu'intuitivement on aurait plutôt tendance à penser qu'il y a plus d'entiers naturels que de nombres carrés.

De la même façon, les entiers naturels peuvent être appariés aux nombres pairs, en dépit du fait qu'intuitivement nous sentons qu'il devrait y avoir deux fois plus d'entiers naturels

Entiers naturels : 1 2 3 4 5 6 7…
Nombres pairs : 2 4 6 8 10 12 14 …

Il apparaît que tous les ensembles infinis formés de nombres naturels (impairs, pairs, carrés ; cubes, etc.) peuvent être mis deux par deux. Ceci laisse à penser que tous les ensembles infinis ont la même taille : voilà un résultat contre-intuitif et vraiment paradoxal.

Pour rendre le paradoxe bien évident, considérons une fois de plus les entiers naturels et les nombres carrés.
La correspondance deux par deux suggère que les deux ensembles ont la même taille, et pourtant les carrés sont un simple sous-ensemble des entiers naturels.
Comment éviter le paradoxe ?

La solution évidente, à la Galilée, est de nier l'existence d'ensembles infinis et de les bannir des mathématiques. Cantor opta pour une stratégie opposée. Au lieu de contourner le paradoxe, il l'affronta.

Cantor définit un ensemble infini comme un ensemble qui peut être mis en correspondance terme à terme avec un de ses sous-éléments. Cela signifie qu'un ensemble infini a la propriété ébouriffante que son tout n'est pas plus grand qu'une de ses parties.

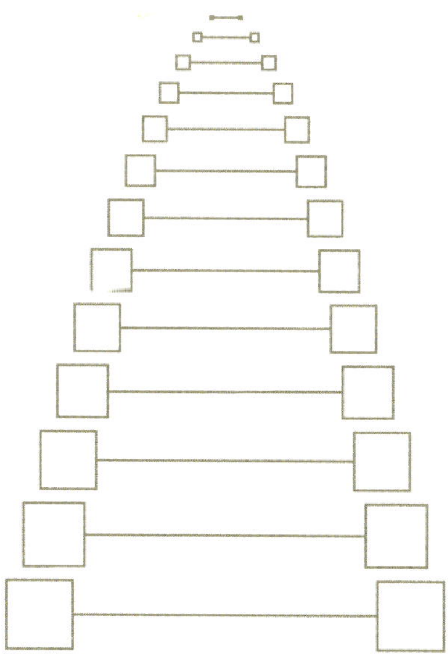

Portrait

GEORG CANTOR

Jusqu'au 19e siècle, la plupart des mathématiciens se sont employés à éviter les paradoxes en écartant l'infini. Mais pas Georg Cantor, mathématicien allemand (1845-1918).

Il eut le génie et l'audace de le prendre à bras le corps. Il traita l'infini comme n'importe quelle autre quantité mathématique: quelque chose qu'on peut manipuler, avec quoi on peut travailler et construire des théorèmes. Il fit en quelque sorte toute une arithmétique de l'infini.

Ce serait un euphémisme de dire que ses idées ont été controversées. Certains mathématiciens «finitistes» voyaient d'un mauvais œil ce qu'il essayait de réaliser et le contredirent ou le ridiculisèrent. Le plus virulent fut Leopold Kronecker, ancien professeur de Cantor, figure très influente de la communauté des mathématiciens de l'époque.

Kronecker était certain que toute recherche sur les ensembles infinis était inepte car pour lui, ils n'existaient pas. «Dieu a créé les nombres entiers naturels et tout le reste est l'œuvre de l'homme», dit-il un jour.

Kronecker encouragea Cantor au début de sa carrière mais il se détourna de lui quand ce dernier commença à travailler sur les mathématiques de l'infini. Ne mâchant pas ses mots, il traita Cantor de «corrupteur de la jeunesse», et discrédita son travail en le qualifiant d'escroquerie.

Suite à une si grande opposition, Cantor subit de nombreux revers tant personnels que professionnels. Il passa toute sa carrière confiné à une obscure chaire de mathématiques à l'Université de Halle et lutta pour sa reconnaissance.

Cantor était naturellement fragile et donc douloureusement sensible aux complots et aux attaques de Kronecker. Sa santé mentale en souffrit. En 1884, il fit une dépression et de ce jour il connut de nombreuses rechutes. À une certaine époque, il se détourna de la recherche mathématique et se plongea dans l'histoire et la théologie.

Il est intéressant de noter que ses théories de l'infini reçurent plus de soutien de la part des théologiens et de l'Église catholique que de la part de ses collègues mathématiciens. Un prêtre, Constantin Gutberlet, y contribua particulièrement, adoptant l'idée selon laquelle l'intellect peut comprendre l'infini, puisque cela offre à l'esprit humain un moyen de pénétrer plus profondément le divin.

De plus, l'hypothèse de l'existence d'un infini actuel plutôt que seulement virtuel venait accroître la toute-puissance divine. Kronecker prétendait, lui, que Dieu n'avait créé que des

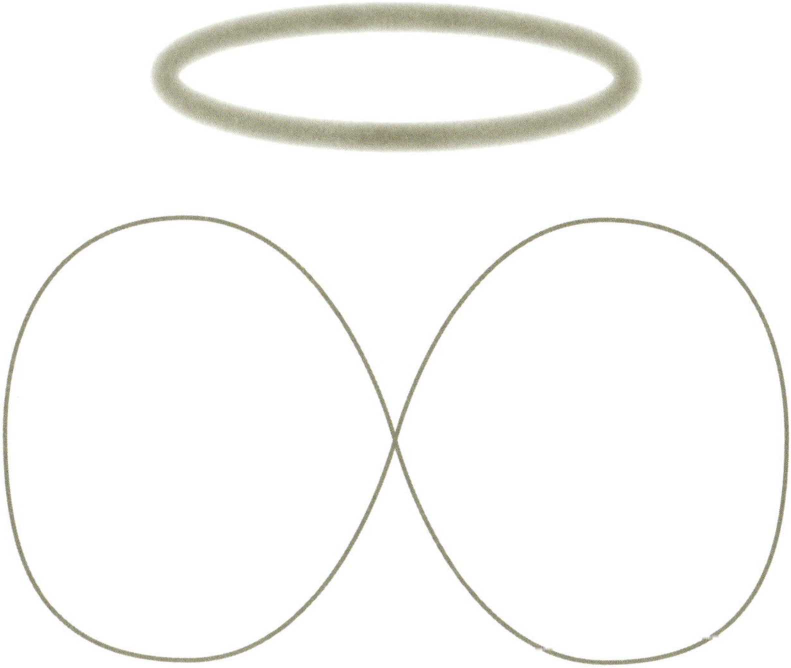

nombres finis. Mais si Dieu est le créateur de l'infini aussi bien que du fini, cela contribue davantage à sa gloire.

Cantor s'intéressa passionnément aux implications théologiques de son travail sur l'infini et apprécia la chance de pouvoir débattre de ses idées avec des interlocuteurs bienveillants. Il en arriva à considérer ses théorèmes comme des instruments au service de Dieu et de l'Église catholique.

Kronecker mourut en 1891. À partir de là, l'opposition aux idées de Cantor commença à faiblir. Ses idées furent de plus en plus admises parmi les mathématiciens. À la fin de sa vie, il reçut enfin la reconnaissance qu'il méritait mais alors ses pouvoirs mathématiques s'étaient évanouis il continua à souffrir de périodes d'instabilité mentale. Il mourut en juin 1918.

De nos jours, la plupart des mathématiciens acceptent ses idées, mais pas tous. Il est célébré comme l'un des grands mathématiciens de l'histoire, génie précurseur qui inventa la théorie des ensembles et posa les fondements de la compréhension mathématique des ensembles infinis.

En 1926, un autre mathématicien allemand, David Hilbert (voir pp. 82-83) écrivit : « personne ne nous chassera que Cantor a créé pour nous. »

L'HÔTEL INFINI D'HILBERT

Le mathématicien allemand David Hilbert (1863-1943) a illustré la nature paradoxale de l'infini par l'exemple frappant d'un hôtel ; un hôtel tel que vous n'en avez jamais vu et que vous n'en verrez jamais.

Imaginez l'hôtel de Hilbert. Il comporte un nombre infini de chambres, numérotées 1, 2, 3, 4, 5… etc. Un nouveau client arrive, et il est déçu d'apprendre que toutes les chambres sont occupées. « Ne vous inquiétez pas », dit le gérant, « je vais vous trouver une place facilement ». Il demande alors à chacun de ses clients de changer de chambre et de prendre la chambre suivante. L'occupant de la chambre 1 va dans la 2, celui de la 2 va dans la 3, etc.

Chambre de départ : 1 2 3 4 5 6 7…
Nouvelle chambre : 2 3 4 5 6 7 8…

La chambre 1 est désormais libre, et on peut accueillir le nouvel arrivant.

RELEVEZ LE DÉFI

Imaginez que vous êtes le gérant de l'hôtel de Hilbert. Toutes les chambres sont occupées. Dix nouveaux clients arrivent. Comment allez-vous les accueillir ?

SOLUTION

Mettez le client de la 1 dans la chambre 11, celui de la 2 dans la 12, etc.

Un plus gros problème

L'invité supplémentaire a donc une chambre dans l'hôtel qui est toujours rempli. Jusqu'au moment où le malheureux gérant doit faire

face à un défi encore plus grand. Voilà qu'un nombre infini de nouveaux clients arrivent.

« Pas de problème », dit-il après un court moment de réflexion. « J'ai juste besoin de faire un peu de remue-ménage ».

Puis il demande à chacun des clients d'aller dans la chambre qui porte le numéro double de celle qu'ils occupent actuellement. L'occupant de la chambre 1 va dans la chambre 2, celui de la 2 va dans la 4, etc.

Chambre de départ : 1 2 3 4 5 6 7…
Nouvelle chambre : 2 4 6 8 10 12 14…

Cela libère toutes les chambres impaires pour loger le nombre infini des nouveaux arrivants.

Un problème encore plus gros

Un nombre infini d'une infinité de groupes de touristes arrivent à l'hôtel de Hilbert déjà plein. Voilà qui donne matière à réflexion au gérant assiégé. Mais il se rend compte qu'il y a encore moyen de loger les nouveaux arrivants.

Il déplace tous les clients déjà là dans les chambres ayant pour numéro une puissance du plus petit nombre premier, c'est-à-dire : 2, 4, 8, 16, 32…

Puis il met le premier groupe dans des chambres ayant pour numéro une puissance du nombre premier suivant, 3. Ce qui donne : 3, 9, 27, 81, 243…

Après cela, il met le deuxième groupe dans des chambres dont le numéro est une puissance du nombre premier suivant, 5. On a alors : 5, 25, 125, 625, 3125…

Puis il continue d'attribuer à chaque groupe des chambres qui sont des puissances des nombres premiers successifs. Puisqu'il y a un nombre infini de nombres premiers (voyez pp. 72-73), un nombre infini de groupes infinis de touristes peut être logé.

Ce système de distribution des chambres en laisse de nombreuses vides. De ce point de vue, la solution du gérant n'est pas très efficace. Mais au moins, elle laisse des chambres vides pour de nouveaux arrivants !

UN PLUS GROS DÉFI

Et maintenant, vous êtes le gérant de l'hôtel Hilbert, qui affiche complet. Vous êtes confronté à un défi encore plus grand : deux groupes infinis de touristes arrivent. Comment allez-vous loger cette double arrivée infinie?

SOLUTION

Déplacez les personnes déjà installées dans la chambre qui fait trois fois le nombre de leur chambre actuelle, en d'autres termes : 3, 6, 9, 12, 15… 3n, etc. L'un des deux groupes infinis occupera les chambres 1, 4, 7, 10, 13… 3n-2, etc. L'autre groupe occupera les chambres 2, 5, 8, 11, 14… 3n-1, etc.

DE PLUS GRANDS INFINIS 1RE PARTIE

Selon Cantor, deux ensembles infinis ont le même nombre cardinal, c'est-à-dire la même taille, si leurs éléments peuvent être mis en correspondance deux par deux.

DÉFI Nº 1

Montrez que l'ensemble des nombres naturels a le même nombre cardinal que l'ensemble des nombres pairs en plaçant leurs éléments deux par deux.

SOLUTION

Naturels: 1 2 3 4 5 6 7 8...
Pairs: 2 4 6 8 10 12 14 16...

DÉFI Nº 2

Maintenant faites la même chose pour les entiers naturels et les entiers strictement supérieurs à 1.

SOLUTION

Nateals: 1 2 3 4 5 6 7 8...
Entiers >1 : 2 3 4 5 6 7 8 9...
Ce qui explique pourquoi il y aura toujours une chambre libre à l'Hôtel d'Hilbert (voyez pp. 82–83).

Compter les fractions

Tous les ensembles infinis de tous les nombres entiers peuvent être mis en correspondance bi-univoque et avoir ainsi le même nombre cardinal. Mais qu'en est-il des fractions ?

Considérez l'ensemble infini des nombres rationnels (toutes les formées en divisant un nombre entier par un autre). Il est difficile d'imaginer qu'ils puissent être mis en correspondance bi-univoque avec les entiers naturels, puisqu'entre deux nombres entiers il y a une infinité de fractions.

Cantor a pourtant montré qu'il y a une correspondance biunivoque. L'astuce est de trouver une belle manière de lister les nombres rationnels pour n'en oublier aucun. Voilà comment il a fait :

$1/1$
$2/1$, $1/2$
$3/1$, $2/2$, $1/3$
$4/1$, $3/2$, $2/3$, $1/4$
$5/1$, $4/2$, $3/3$, $2/4$, $1/5$
$6/1$, $5/2$, $4/3$, $3/4$, $2/5$, $1/6$
$7/1$, $6/2$, …etc.

Méthode simple mais élégante. La première rangée contient les fractions dont la somme du numérateur et du dénominateur est égale à 2 (1+1) ; la deuxième rangée, les fractions dont la somme du numérateur et du dénominateur est égale à 3 (2+1, 1+2) ; dans la troisième rangée, le total est de 4 (3+1, 2+2, 1+3), etc.

À présent c'est chose facile de démontrer une correspondance biunivoque avec les nombres naturels. Prenez à la suite les rationnels, rangée après rangée :

Naturels : 1 2 3 4 5
Rationnels : $\frac{1}{1}$ $\frac{2}{1}$ $\frac{1}{2}$ $\frac{3}{1}$ $\frac{2}{2}$

Quand aux doublons (par exemple 1/1 = 2/2), ce n'est pas un souci. Nous pouvons simplement les sauter si nous le voulons.

Ainsi, quoique nous ayons pu penser qu'il y a beaucoup plus de nombres rationnels que de nombres entiers, il s'avère qu'ils sont en nombre égal.

Dénombrer les infinis

Et maintenant une définition : un ensemble infini est dit dénombrable si ses éléments peuvent être appariés avec les nombres naturels. Tous les infinis que nous avons vus jusqu'ici, même les fractions, se sont avérés dénombrables.

Alors, tous les infinis sont-ils dénombrables ? Ou existe-t-il des ensembles non dénombrables, encore plus grands ? Tournez la page et vous le saurez.

DÉFI Nº 3

Nous avons déjà vu qu'il est facile de mettre les nombres pairs et impairs en correspondance biunivoque (voyez pp. 78-79). C'est la même chose pour les entiers naturels et les nombres au carré. Mais voilà un problème plus compliqué.

Essayez de montrer que les entiers naturels (1, 2, 3, 4, 5...) peuvent être mis en correspondance biunivoque avec l'ensemble comprenant les entiers positifs et négatifs, et zéro. (..., -3, -2, -1, 0, 1, 2, 3...)

SOLUTION

L'astuce est de partir de zéro puis d'alterner les positifs et les négatifs, comme ceci :

Entiers naturels : 1 2 3 4 5 6 7 8...
Relatifs positifs et négatifs : 0 1 −1 2 −2 3 −3 4...

Si vous aviez trouvé par vous-même, bravo ! C'est que vous êtes doué !

DE PLUS GRANDS INFINIS 2E PARTIE

Une fois qu'il eut réussi à démontrer que l'on peut dénombrer une infinité de fractions, Cantor considéra les décimaux. L'ensemble des nombres décimaux comprend non seulement les nombres rationnels, mais aussi les irrationnels (qui ne peuvent pas s'écrire sous forme d'une fraction). Beaucoup de nombres irrationnels sont sans fin.

Après avoir beaucoup travaillé, Cantor trouva la démonstration brillante que les décimaux sont, en fait indénombrables. Il y réussit par une réduction à l'absurde (voir pp. 72-73). Voilà comment.

Commencez par supposer que les nombres décimaux forment un ensemble dénombrable, ce qui signifie qu'ils peuvent être appariés deux à deux avec l'infinité des nombres naturels. Par exemple :

1	0.54354349…
2	0.84920018…
3	0.68872574…
4	0.58823161…
…	…etc., à l'infini.

On ne donne que les 8 chiffres après la virgule, et l'ordre est aléatoire. Le point important est que, puisque les nombres décimaux sont en correspondance terme à terme avec les nombres naturels, aucun nombre décimal n'est laissé de côté. La séquence les inclut donc tous.

Ensuite vient l'astuce. Il est désormais possible de construire un nouveau nombre décimal qui n'est pas dans la séquence existante. Voilà comment.

Commencez par choisir un premier chiffre différent du premier chiffre du premier décimal de la séquence (par exemple, 6 à la place de 5). Puis choisissez un deuxième chiffre différent du deuxième chiffre du deuxième décimal de la séquence (mettons 5 à la place de 4). Etc., etc. On obtient ainsi un nombre décimal qui diffère de chaque item de la séquence par au moins un chiffre.

Il y a donc une contradiction. L'hypothèse initiale selon laquelle il existe une correspondance terme à terme signifiait qu'on supposait que la séquence allait contenir tous les nombres décimaux. Mais voilà que nous en avons construit un de plus ! L'hypothèse de départ était donc fausse, ce qui signifie que les nombres décimaux ne peuvent pas être appariés avec les nombres naturels. Ils sont donc indénombrables.

De plus grands infinis

C'est étonnant, paradoxal même. Notre intuition nous dit qu'il n'y a rien de plus grand que l'infini. Mais Cantor démontre que l'infini des nombres décimaux est plus grand que l'infini des nombres naturels. De fait, ils représentent un ordre supérieur de l'infini, infiniment plus grand que n'importe quel infini dénombrable.

Toujours plus grands

Mais cela ne s'arrête pas là. Cantor alla jusqu'à montrer qu'il y a un infini encore plus grand qui ne peut pas être apparié à l'infini des nombres décimaux. Et qu'il y a ensuite un autre infini, encore plus grand, qui ne peut être mis en correspondance avec le précédent, etc., etc., à l'infini.

Pour apprécier comment cela marche, nous pouvons commencer par considérer un ensemble ne contenant que trois objets, disons {Monica, Rachel, Phoebe} et demandons-nous combien de sous-ensembles il contient.

Il n'est pas difficile de voir qu'il y a huit sous-ensembles : l'ensemble vide {Ø} ; l'ensemble lui-même {Monica, Rachel, Phoebe}, toutes les différentes paires {Monica, Rachel},{Monica, Phoebe},{Rachel, Phoebe}, plus les éléments simples {Monica}, {Rachel}, {Phoebe}. Ainsi, à partir d'un ensemble comprenant trois éléments, nous pouvons former un « ensemble puissance » (l'ensemble des sous-ensembles de cet ensemble) qui contient huit éléments.

Il apparaît donc que pour n'importe quel ensemble, qu'il soit fini ou infini, nous pouvons toujours former un ensemble puissance plus grand que l'ensemble lui-même. C'est de cette façon que Cantor construit sa hiérarchie sans fin des infinis. À la base, il y a les infinis dénombrables comme celui des entiers naturels ; plus haut, il y a les nombres décimaux, et cela continue toujours et toujours.

Le paradoxe de Cantor

Pour tout ensemble, il est possible de former un ensemble puissance plus gros que l'ensemble lui-même. Mais cela conduit à un paradoxe dès qu'on considère l'ensemble universel : l'ensemble de tous les ensembles.

L'ensemble universel devrait être le plus grand de tous les ensembles. Et pourtant son ensemble puissance est encore plus grand. Donc l'ensemble universel à la fois est et n'est pas le plus grand de tous les ensembles. Donc il ne peut pas être un ensemble universel.

Exercice 14

Le paradoxe de Richard

PROBLÈME

L'argument de la diagonale de Cantor est utilisé dans beaucoup de paradoxes connus. Vous l'avez vu à l'œuvre dans la démonstration de la non-dénombrabilité de l'ensemble des nombres réels (voyez p. 84 «De plus grands infinis»).

Essayez d'appliquer l'argument de la diagonale pour résoudre le paradoxe connu sous le nom de «paradoxe de Richard».

L'ensemble des nombres réels définissables en un nombre fini de mots est à la fois dénombrable et non-dénombrable, calculable et incalculable.

MÉTHODE

Montrez d'abord que l'ensemble est dénombrable en énumérant toutes les définitions de longueur finie des nombres réels. Puis utilisez l'argument de la diagonale pour construire une définition de longueur finie d'un nombre réel qui soit en dehors de cette liste.

Commençons par quelques définitions. L'ensemble des nombres réels est l'ensemble de tous les nombres rationnels et irrationnels (les nombres rationnels sont ceux qui peuvent être exprimés par une fraction ; les nombres irrationnels sont des nombres qui ne peuvent pas être exprimés de cette façon : pensez à pi=π=3.1415926…, qui ne correspond à aucune fraction de deux nombres entiers). En utilisant sont fameux argument de la diagonale, Cantor était en mesure de prouver que l'ensemble des nombres réels (contrairement à l'ensemble de toutes les fractions) est non-dénombrable, c'est-à-dire qu'il ne pouvait pas être mis en correspondance (ou en fonction) avec l'ensemble des nombres entiers (1, 2, 3…). Par conséquent, l'ensemble des nombres réels est plus grand que n'importe quel ensemble infini dénombrable.

Pour résoudre cette énigme, il vous faut définir le concept «définissable en un nombre fini de mots». Nous pouvons supposer qu'on entend par «mots» les mots de langue française épelés avec les lettres de l'alphabet latin. Ainsi, n'importe quelle phrase de définition en français comprendra un nombre fini de mots et les phrases comportant un même nombre de mots pourront être classées par ordre alphabétique. Par exemple, toutes les définitions d'un seul mot pourront être classées par ordre alphabétique pourront êtres mises dans la colonne de droite, puis toutes les définitions comportant 3 mots etc. Il est alors facile de montrer que l'ensemble FR = {l'ensemble des nombres réels définissables en un nombre fini de mots}, bien qu'infini, est dénombrable. Astuce : utilisez un tableau identique à celui proposé pour démontrer la dénombrabilité de l'ensemble de toutes les fractions (que l'on peut aussi présenter dans un tableau infini comme celui que nous avons décrit). Pour la solution, voir (1), plus bas.

Il est plus difficile de montrer le contraire. Après avoir démontré que toutes les définitions d'une longueur finie sont dans la liste, utilisez l'argument de la diagonale pour construire une définition de longueur finie d'un nombre qui est hors de votre liste. Supposons que votre liste de définitions de longueur finie a produit une liste de définitions de nombres réels :

$$D_1, D_2, D_3,\ldots, D_n,\ldots$$

Chacune de ces phrases de définition, comportant un nombre fini de mots, définit un nombre réel :

$$r_1, r_2, r_3,\ldots, r_n,\ldots$$

Chacun de ces nombres réels peut être représenté par une suite décimale infinie. Considérez à présent que chaque nombre réel (r_1, r_2, r_3… r_n,…). Chacun de ces nombres réels peut être représenté par une suite décimale infinie. Considérez à présent que chaque nombre réel R_k de cette liste a, à la k[e] place de sa suite décimale, un nombre entier n. En utilisant l'argument de la diagonale de Cantor et un nombre fini de mots, définissez (la suite décimale infinie d')un nombre réel RR (= le Réel de Richard) de sorte qu'il ne soit identique à aucun autre réel de la liste. Astuce : définissez la k[e] décimale de RR de telle sorte que RR≠ r_k, pour tout k.

SOLUTION

(1) FR est dénombrable, ou infini dénombrable

Pour montrer que FR est un ensemble dénombrable, il suffit de dresser la liste de toutes les définitions de longueur finie. En commençant à partir de la rangée située à l'infini des colonnes alphabétiques décrites dans le texte, commencez à lister les définitions D_1, D_2, D_3,… D_n,… dans un tableau fonctionnant en zigzag comme suit :

1	2	6	7	…
3	5	8	14	
4	9	13		
10	12			
11				

(2) FR est indénombrable ou infini indénombrable

Il suffit de définir (la suite décimale infinie de) RR comme suit ::

Soit la k[e] décimale de RR = n +1
Où n est le nombre à la kième décimale du rk, pour tout k ;
Sauf quand n = 9 ; alors, la k[e] décimale de RR = 0..

Il s'ensuit que RR≠r_k, pour tout k. Car il différera de r_k à la k[e] décimale.

Toutefois, la définition ci-dessus est en français ou pourrait être facilement traduite par une phrase française de longueur définie de telle sorte qu'on ait D_j, quel que soit *j*. e ceci découle la contradiction apparente :

$$rj = RR \neq rj.$$

Ce paradoxe porte le nom de celui qui l'a découvert, Jules Richard.

Chapitre

5

Paradoxes probabilistes

Il y a de fortes chances pour que vous aussi ayez déjà commis des erreurs banales de raisonnement statistique. Nous verrons ici certains des pièges les plus fréquents de la pensée des probabilités. Puis nous ferons monter les enchères en nous attaquant à certains des plus célèbres paradoxes de calculs de chances. Dans ce chapitre, on joue aux dés, on se demande ce que ce qu'il peut y avoir derrière les portes closes, et on fait des paris cosmiques. Tout cela dans l'optique de considérer les probabilités comme paradoxales et les paradoxes probabilistes comme paradoxalement probables.

LE PARADOXE DU JOUEUR

La plupart des paradoxes de ce chapitre s'intéressent aux probabilités. Nous vous proposons, au préalable, une brève introduction à cette partie des mathématiques.

Les probabilités sont des nombres compris entre 0 et 1 qui évaluent le caractère probable d'un événement. Un événement qui se produira certainement, tel que le lever du soleil demain, a une probabilité égale à 1. Un événement qui ne se produira certainement pas, tel qu'un « 7 » au lancer d'un dé ordinaire, a une probabilité de 0. Un événement qui risque également de se produire ou non, tel que « pile » au lancer d'une pièce équilibrée, a une probabilité de 0,5. On peut aussi exprimer les probabilités en fractions ou pourcentages.

Évidemment, nous ne pouvons être absolument certains que le soleil se lèvera demain (voir le problème d'induction p. 21). Mais dans ce chapitre, nous écarterons ces incertitudes de sceptique.

Pour calculer la probabilité d'un événement, on divise le nombre de ses occurrences possibles par le nombre total de résultats possibles (en supposant que tous les résultats sont également probables).

Par exemple, quelle est la probabilité qu'un seul lancer de dé (équilibré) donne « 4 » ? Il y a six chiffres sur un dé, tous risquent également de sortir, et un seul est un « 4 ».
La probabilité est donc 1/6 ou 0,16.

Quelle est la probabilité d'obtenir un nombre pair ? Voyons, il y a trois chiffres pairs (deux, quatre, six) sur six au total.
La probabilité est donc de 3⁄6, soit par simplification ½ ou 0,5 ou 50%.

LA FOUDRE FRAPPE DEUX FOIS

Les chances qu'au cours d'une année, la foudre vous frappe sont de 1/650.000. Si la foudre tombe sur Elektra en 2009, quelles sont les chances qu'elle soit frappée en 2010?

SOLUTION

Les « coups de foudre » sont des événements indépendants. Les chances sont donc toujours de 1/650.00. Si vous avez été frappé par la foudre une fois au cours d'une année, cela n'augmente ni ne diminue vos risques, l'année suivante… Sauf si vous avez été foudroyé … à mort la première fois.

Le paradoxe du joueur

Il est très répandu de croire que des événements aléatoires s'égalisent avec le temps. Ainsi, à la roulette, si le rouge est tiré 10 fois de suite les joueurs vont commencer à parier sur le noir croyant qu'une série de noirs va suivre. De même, si l'on joue à pile ou face de façon successive (avec une pièce équilibrée) et que « face » apparaît, disons, sept fois, beaucoup de gens penseront qu'au lancer suivant « pile » a beaucoup de chances de sortir (pour rétablir l'équilibre). Cette logique fallacieuse s'appelle « le paradoxe du joueur ». À vrai dire, avec une pièce équilibrée, les probabilités d'obtenir « pile » à un lancer sont égales (0,5) indépendamment de ce qui s'est passé auparavant. Les lancers de pièce sont des événements indépendants et n'ont donc pas de rapports entre eux.

LES QUATRE AS

Un jeu de cartes ordinaire comporte 52 cartes, sans les jokers. Quatre d'entre elles sont des as. La probabilité de tirer un as est donc $\frac{4}{52}$, ou par simplification $\frac{1}{13}$. Doc Holliday bat un jeu de cartes non biseautées et tire une carte au hasard. C'est l'as de pique. Il le place sur la table, bat le reste du jeu et tire une autre carte. Quelles sont ses chances de tirer un autre as?

SOLUTION

Si Doc Holliday avait replacé l'as de pique dans le jeu avant de rebattre les cartes, la probabilité serait toujours $\frac{1}{13}$. Le simple fait qu'il ait tiré un as la première fois n'intervient pas sur ses chances d'en tirer un la deuxième fois.

Mais la situation est différente, puisque Doc Holliday retire l'as de pique du paquet avant de rebattre, il ne reste que trois as sur les 51 cartes restantes. Les chances de tirer un as à présent sont de $\frac{3}{51}$, ou par simplification $\frac{1}{17}$. Dans ce cas le premier et le deuxième tirage ne sont pas des événements indépendants.

GARÇONS ET FILLES

Cette énigme amusante montre comme on se laisse facilement prendre dans les estimations ou les calculs de probabilités.

La famille Smith

Monsieur et Madame Smith ont deux enfants : l'un d'eux, au moins, est une fille. Quelles sont les chances que l'autre enfant soit une fille aussi ? Réfléchissez bien avant de répondre.

Puisque ce livre est sur les paradoxes et qu'on vous demande de bien réfléchir, vous vous attendez probablement à un piège. Mais il n'y en a pas ! C'est une question parfaitement directe : l'enfant du mystère est très certainement un garçon ou une fille (mais pas un hermaphrodite), et vous êtes en droit de penser que les deux sexes sont également fréquents. Il n'y a pas de piège. Alors, quelles sont les chances que l'autre enfant soit une fille ?

Il est parfaitement évident pour presque tout le monde que les chances sont égales. Après tout, il y a une chance sur deux qu'un enfant soit une fille. De quelle manière le sexe de l'autre enfant peut-il donc intervenir ?

La réponse « évidente » est malheureusement fausse.

La réponse correcte est ⅓. Voici pourquoi :

Quand on examine le sexe des enfants, il y a quatre combinaisons possibles : deux garçons ; deux filles ; le premier un garçon et le second une fille ; ou le premier une fille et le second un garçon. On peut l'écrire ainsi : GG, FF, GB et FG.

Nous savons qu'au moins l'un des enfants Smith est une fille. GG est donc éliminé. Il nous reste trois alternatives d'égale probabilité : FF, GF et FG.

Dans une seule de ces trois possibilités les deux enfants seront des filles. La probabilité que l' « autre » enfant soit une fille est donc une sur trois, soit ⅓.

C'est un paradoxe au sens le plus faible, c'est-à-dire qu'il est contre-intuitif. Mais il illustre bien à quel point nos intuitions sont faillibles quand il s'agit d'estimer ou de calculer des probabilités même dans des situations très directes.

PILE OU FACE

Un joueur a jeté une pièce équilibrée trois fois. Il est sorti au moins deux piles. Quelles sont ses chances d'avoir obtenu pile la dernière fois aussi ?

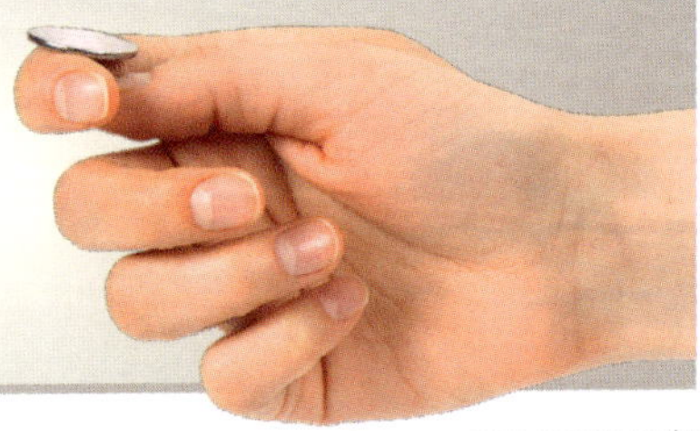

SOLUTION

Résistez d'abord à la pulsion de dire « une sur deux! (½) ». Puis notez toutes les combinaisons possibles pour trois lancers de pièce. PPP; PPF; PFF; PFP; FPP; FPF; FFP et FFF : Il y en a huit au total.

Quatre de ces combinaisons contiennent deux ou plus de deux piles PPP; PPF ; PFP et FPP. Une seule contient la pile complémentaire requise. La réponse est donc une sur quatre : ¼.

La famille Jones

La situation de Monsieur et Madame Jones est comparable : ils ont deux enfants, l'aîné est une fille. Quelles sont les chances que le second enfant soit une fille ? Réfléchissez bien avant de répondre.

Vous n'êtes heureusement pas tombé dans le piège que je vous ai tendu. Cette fois-ci il y a bien une chance sur deux pour que ce soit une fille (½). Voici pourquoi.

Une fois de plus, nous avons quatre combinaisons : GG ; FF ; GF ; FG. Mais cette fois-ci, nous savons que l'aîné est une fille, nous pouvons donc exclure GG et GF.

Les options restantes sont FF et FG. Dans une seule de ces combinaisons, l'enfant le plus jeune est une fille : il y a donc une chance sur deux, soit 0,5.

La différence cruciale entre cette énigme et la précédente est que cette fois-ci nous avons une information supplémentaire. On ne nous dit plus seulement que l'un des enfants est une fille, on sait précisément que le plus âgé est une fille.

LE PARADOXE DE L'ANNIVERSAIRE

Quelles sont les chances que deux personnes choisies au hasard aient leur anniversaire le même jour?

C'est une énigme directe avec une solution directe. Supposons que l'une de ces personnes est née, disons, le 15 mars. Il y a 365 jours dans une année, un seul de ces jours est le 15 mars. Les chances que la deuxième personne soit née le même jour sont $1/365$ (approximativement 0,003). Par souci de simplicité, nous ne tiendrons pas compte des années bissextiles dans cette section.

Le problème de l'anniversaire

Voici un problème vraiment plus intéressant, qu'on appelle aussi le paradoxe de l'anniversaire. Quel est le nombre de personnes que vous devez réunir pour avoir une chance sur deux (ou mieux) que deux d'entre elles aient leur anniversaire le même jour ? Examinez cette question avant de lire l'explication.

Avec 365 choix de dates d'anniversaire, la plupart des gens estiment qu'il faut réunir beaucoup de personnes. Quand j'ai posé cette question à mes amis et à ma famille, j'ai eu des réponses qui s'échelonnaient entre 180 et 366. Mais les calculs montrent que la réponse correcte est 23, ce résultat si faible est tellement époustouflant que certains refusent catégoriquement de le croire. Nous analyserons les calculs dans un instant. Mais au préalable, voici quelques notions mathématiques :

Combinaisons de probabilités

Quand nous lançons une pièce équilibrée, il n'y a que deux résultats possibles. La probabilité que la pièce tombera sur « pile », c'est un sur deux, ou $1/2$. Mais que se passerait-il si on lançait la même pièce deux fois, ou si on lançait deux pièces différentes ? Quelles sont les chances d'obtenir « pile » les deux fois ?

Les deux lancers de pièce sont des événements indépendants. Autrement dit, l'un n'a pas d'effet sur l'autre. Dans de tels cas, nous calculons la probabilité combinée simplement en multipliant les probabilités de chacun l'une par l'autre.

Ainsi, la probabilité d'avoir deux « piles » de suite est $1/2 \times 1/2 = 1/4$. De même, la probabilité d'obtenir trois « piles » d'affilée est $1/2 \times 1/2 \times 1/2 = 1/8$; etc.

Voici un autre exemple. Supposez qu'on jette un dé équilibré et une pièce équilibrée. Quelles sont les chances que le dé tombe sur « 6 » et la pièce sur « pile » ? Pour connaître la solution, il nous suffit de multiplier la probabilité de faire « 6 » par la probabilité d'avoir « pile ». Ce qui fait $1/6 \times 1/2 = 1/12$.

Le paradoxe de l'anniversaire : calculs

Nous disposons maintenant des connaissances nécessaires pour aborder le paradoxe de l'anniversaire.

Il est évident que dans un groupe composé d'une seule personne, la probabilité que deux personnes aient le même jour d'anniversaire est nulle (0). Tandis que dans un groupe de 366 personnes, nous sommes sûrs qu'il y a une probabilité que cela se produise. C'est une probabilité de 1.

Ce que nous voulons connaître, c'est la taille du groupe qu'il nous faut atteindre pour avoir une chance sur deux, ou mieux que deux d'entre eux auront le même jour d'anniversaire. Le moyen le facile de le calculer, c'est d'abord de nous poser

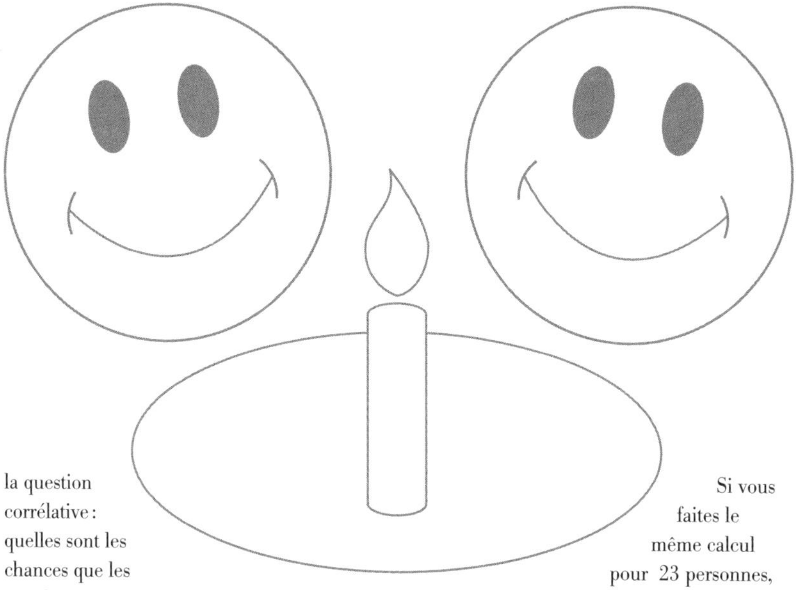

la question corrélative : quelles sont les chances que les membres d'un groupe n'aient pas le même jour d'anniversaire ? Considérez un groupe de seulement deux personnes. L'anniversaire de la première personne peut être n'importe quel jour de l'année. Mais pour que l'anniversaire de la deuxième personne ne corresponde pas avec celui de la première personne, il devra tomber l'un des 364 jours restants. Donc, la probabilité que deux personnes n'aient pas le même jour d'anniversaire est $^{364}/_{365}$.

À l'arrivée d'une troisième personne dans le groupe, il reste 363 jours possibles. Ainsi, il y a $^{363}/_{365}$ chances que son anniversaire ne corresponde pas avec celui des deux autres. Pour une quatrième personne, les chances de ne pas avoir le même jour d'anniversaire sont de $^{362}/_{365}$. Pour une cinquième personne, les chances seront de $^{361}/_{365}$. Et ainsi de suite.

Cela signifie que la probabilité combinée que, disons, un groupe de cinq personnes aient pas le même jour d'anniversaire est $(^{364}/_{365}) \times (^{363}/_{365}) \times (^{362}/_{365}) \times (^{361}/_{365})$ ce qui donne approximativement 0.973.

Si vous faites le même calcul pour 23 personnes, la probabilité qu'ils n'aient pas le même jour d'anniversaire est environ 0,492. La probabilité qu'ils aient effectivement le même jour d'anniversaire est, par conséquent, $1 - 0.492 = 0.508$. De la sorte, une fois atteint le nombre de 23 personnes, nous avons juste un peu plus d'une chance sur deux que deux d'entre elles aient le même jour d'anniversaire.

Le paradoxe de l'anniversaire

On appelle parfois ce problème le paradoxe de l'anniversaire. C'est évidemment un paradoxe, mais au sens le plus faible, puisqu'il choque notre intuition commune. C'est toutefois une nouvelle preuve de la faillibilité de nos intuitions quand il s'agit d'estimer des probabilités.

LE PROBLÈME DE MONTY HALL 1RE PARTIE

Il est peu de problèmes qui soulèvent autant d'étonnement, d'incrédulité, de maux de tête ou de bonne vieille mauvaise humeur que celui-ci. Je l'ai rencontré pour la première fois dans le best-seller de 2003 de Mark Haddon : « le bizarre incident du chien pendant la nuit ».

J'ai passé des jours à chercher et m'agiter pour le résoudre, parce que même si l'auteur donnait la solution correcte, et même si je voyais que ses calculs étaient irréprochables, cela n'avait toujours pas de sens !

Mon « euréka » arriva finalement pendant que je prenais dans mon bain. Je résistai à la tentation de jouer les Archimède et de courir tout nu dans les rues de ma ville natale. Mais c'est tout juste. Si vous n'avez jamais abordé ce problème et si vous tenez à votre santé mentale, rendez-vous directement à la p. 102.

Voitures et chèvres

Imaginez que vous êtes le candidat gagnant d'un jeu télévisé. Au moment paroxystique du jeu, vous devez choisir l'une des trois portes et garderez ce qui se trouve derrière. Derrière l'une d'elles se trouve une voiture toute neuve, et derrière les deux autres se trouve une chèvre.

Vous choisissez. Là, les règles du jeu prévoient que le présentateur ouvrira l'une des deux autres portes qui découvrira une chèvre. C'est ce qu'il fait, il vous propose d'ouvrir la porte restante.

Le problème est de savoir si vous devez rester sur votre choix initial, ouvrir la porte 2 ou si cela ne change rien.

Examinons le problème. Y a-t-il avantage à changer de porte ? Réfléchissez avant de poursuivre votre lecture. Prenez le temps. Ce problème diaboliquement malin a fait de d'innombrables victimes.

La solution évidente

La solution à ce problème est d'une évidence flagrante. Il reste deux portes. Il y a derrière l'une une voiture, derrière l'autre une chèvre. Facile. Peu importe donc que vous changiez ou non. Dans les deux cas, il y a une chance sur deux de gagner la voiture, et une chance sur deux de repartir avec une chèvre.

Mais ce livre s'intéresse aux paradoxes. Vous vous attendiez à ce que je vous dise que la solution si évidente n'est pas correcte. Même si cela semble incroyable, changer de choix fait bien une différence. En effet, cette décision double vos chances de gagner la voiture.

La grande controverse

En 1990, dans un numéro du magazine « Parade », l'éditorialiste au Q.I. record, Marilyn vos Savant, présenta cette énigme dans sa rubrique hebdomadaire « Demandez à Marilyn ».

L'énigme était basée sur le jeu télévisé « Let's make a deal », dans lequel le présentateur Monty Hall proposait aux candidats des choix similaires pour gagner soit un prix de grande valeur soit l'une de deux alternatives sans intérêt (appelées « zonks »).

L'analyse de Marilyn a très justement démontré qu'ouvrir les portes double les chances de partir au volant d'une voiture flambant neuve. Mais des milliers de lecteurs répondirent qu'ils n'étaient pas d'accord. Beaucoup de ses critiques les plus sévères avaient des doctorats en maths ou science, et la traînèrent dans la boue pour ce qu'ils estimaient une gaffe monumentale.

La controverse fit rage pendant presque une année, pour finir à la une du *New York Sunday Time*, le 21 juillet 1991, dans un article qui donnait raison l'analyse de Marilyn.

REMUE-MÉNINGES

Si vous ne vous êtes jamais confronté au problème de Monty Hall, vous êtes probablement sidéré par la manière dont la stratégie du changement de portes opère, décrite à la page suivante même si vous risquez de ne pas y croire).

Ce faisant, voyez si vous réussissez là où des centaines de savants et de professeurs de maths ont échoué. Essayez d'expliquer pourquoi changer de porte augmente vos chances.

LE PROBLÈME DE MONTY HALL 2E PARTIE

La réponse de Marilyn vos Sant était tellement contre-intuitive que beaucoup de gens, y compris de nombreux mathématiciens de profession, ne pouvaient l'accepter.

Pour comprendre pourquoi Marilyn avait raison quand tant d'autres se trompaient, il sera utile d'aborder le problème des deux côtés à la fois : le cas où vous ne changez pas de porte et le cas où vous changez de porte.

Quelles sont vos chances si vous ne revenez pas sur votre choix ?

Au début, on vous demande de choisir l'une des trois portes. Derrière l'une, il y a une voiture, derrière les autres, il y a des chèvres. Chaque porte a des chances égales de cacher une voiture. La probabilité que vous fassiez le bon choix est donc une sur trois, soit ⅓.

Que vous choisissiez la bonne porte ou non, le présentateur du jeu télévisé pourra toujours ouvrir une porte derrière laquelle se trouve une chèvre. Et, en faisant cela, il ne vous donne pas d'indice en plus pour savoir si votre choix initial est correct ou erroné.

Admettons que votre choix initial est correct. Refuser de changer vous rapporte une voiture toute neuve.

Admettons que votre choix est erroné, votre refus vous rapporte alors une chèvre.

Mais, rappelez-vous, vous n'aviez qu'une chance sur trois de choisir correctement la première fois, par rapport à deux chances sur trois de faire un choix erroné. Enfonçons le clou ! Si vous ne changez pas, la probabilité de gagner la voiture est ⅓.

Quelles sont vos chances si vous changez de choix ?

Au moment de votre choix initial, vous avez une chance sur trois de sélectionner la voiture.

Admettons que votre choix initial est correct. Si vous changez, vous perdez la voiture. Pas de chance !

Admettons que votre choix initial est incorrect. La voiture est alors cachée derrière l'une des portes restantes. Mais le présentateur du jeu télévisé vous aide en éliminant la porte qui cache la chèvre. Veinard ! Vous récupérez une voiture.

Il y a donc une chance sur trois que votre choix initial était correct, dans ce cas changer vous fait perdre la voiture. Mais il y a deux chances sur trois que votre choix était incorrect, et dans ce cas changer vous fait gagner la voiture.

Pourquoi est-ce si difficile à croire ?

La réponse correcte au problème de Monty Hall est tellement contre-intuitive qu'on la nomme souvent le paradoxe de Monty Hall. C'est une évidence flagrante pour presque tous que changer de porte ne peut conférer aucun avantage. Pourtant, c'est vrai, et même avec une analyse correcte, les gens ont beaucoup de mal à l'accepter. Pourquoi ?

Le problème, c'est que vous finissez par choisir entre deux portes ; les chances que chacune d'elles cache une voiture semblent égales. De fait, les probabilités ne sont pas égales. En supposant que votre premier choix était incorrect (ce sera le cas ⅔ fois), le présentateur n'a pas d'autre choix que d'éliminer la chèvre des prix restants. C'est évidemment à votre avantage.

TENTEZ LE COUP ET VOUS VERREZ !

Si mon analyse vous semble peu convaincante, je vous en prie, ne m'écrivez pas pour me dire que j'ai tort.

Essayez plutôt une simulation du problème de Monty Hall. Il en existe de nombreuses versions animées sur internet, y compris la version très plaisante sur le site du *New York Times*. (cherchez « New York Times Monty Hall. »)

Vous observerez que, sur la durée, vous gagnez la voiture juste une fois sur trois, 1/3 si vous adoptez la stratégie « jamais changer », mais deux fois sur trois, 2/3 si vous adoptez la stratégie « toujours changer».

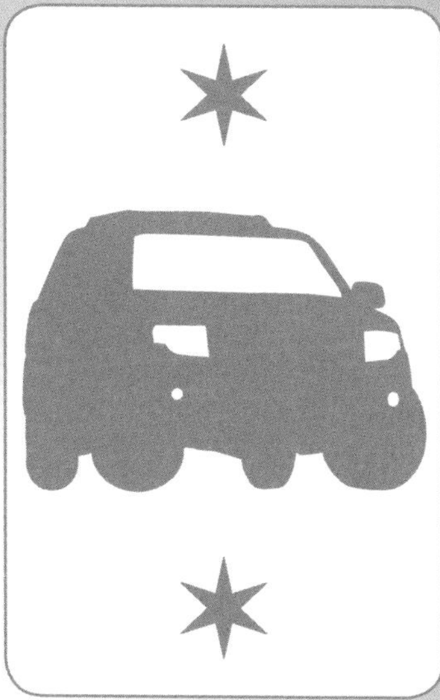

LE PARADOXE DES DEUX ENVELOPPES 1RE PARTIE

Ce paradoxe génial a été conçu par le grand mathématicien allemand Edmund Landau (1877-1938). Il nous fait faire un pas de plus vers ce véritable paradoxe qu'est le problème de Monty Hall, discuté les pages précédentes.

Deux enveloppes

Imaginez que vous êtes de nouveau le grand gagnant d'un jeu télévisé. Vous devez choisir entre deux enveloppes fermées A et B, pour en garder le contenu. On vous dit que chaque enveloppe contient un chèque et que l'un est le double de l'autre.

Bien sûr, le choix est arbitraire. Mais le présentateur demande au public de vous aider à choisir, et il y en a qui crient « A » et d'autres « B », à égalité.

Vous vous lancez, vous prenez l'enveloppe A. Vous entendez des encouragements et des huées dans le public. Quand le silence revient, le présentateur vous demande : « avant d'ouvrir votre enveloppe, êtes-vous sûr que vous ne voulez pas prendre l'autre enveloppe ? »

Y a-t-il un avantage à essayer l'autre enveloppe ? Posez-vous la question avant de poursuivre. Le sens commun dirait qu'il n'y a aucun intérêt à prendre l'autre enveloppe. Après tout, il y a une chance sur deux que vous ayez pris la bonne enveloppe. Alors pourquoi vous torturer davantage ?

Vous vous tournez vers le présentateur et vous lui dites : « Non, merci, je garde l'enveloppe A ».

À bien y réfléchir…

« Alors maintenant », dit le présentateur en lançant un regard espiègle au public, « voulez-vous jeter un coup d'œil dans l'enveloppe avant de vous décider ? »

Lentement, vous ouvrez l'enveloppe, et vous trouvez un chèque de 10 000 €. Le public applaudit à tout rompre. Le présentateur sourit malicieusement et vous dit : « Et maintenant, voulez-vous essayer de prendre l'autre enveloppe ? »

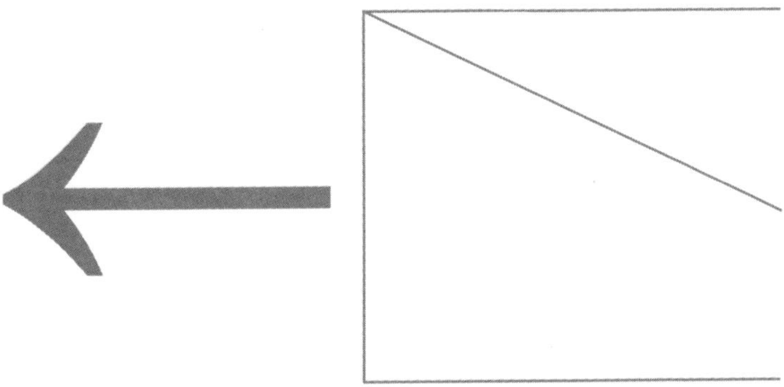

Vous êtes sur le point de refuser, mais subitement vous avez une idée. Si vous prenez l'autre enveloppe, soit vous gagnez la moitié de 10 000 € (5 000 €), soit vous gagnez le double de 10 000 € (20 000 €). Donc soit vous perdez 5 000 €, soit vous gagnez 10 000 €.

Vous commencez à vous demander si vous n'allez pas changer d'enveloppe.

Vous décidez de faire les calculs plus précisément. Pour le moment, vous avez 10 000 €. Si vous prenez l'autre enveloppe, vous avez une chance sur deux (0,5) de gagner 5 000 € et une chance sur deux (0,5) de gagner 20 000 euros. Donc, en prenant l'autre enveloppe, vous espérer pouvoir gagner (0,5 x 5 000) + (0,5 x 20 000) = 12 500 €, ce qui vous permet de compter sur un gain de 2 500 € supplémentaires (ou 25 % de plus).

Il apparaît clairement que vous devez changer d'enveloppe et prendre l'autre. En fait, ce n'était même pas la peine de regarder le montant du chèque pour parvenir à cette conclusion. Quel que soit le montant de l'enveloppe, disons x euros, il vaut toujours la peine de changer d'enveloppe. Voici pourquoi.

En prenant l'autre enveloppe, soit vous perdrez $0{,}5x$ euros, soit vous aurez de la chance et vous gagnerez $2x$. Donc, en moyenne, vous pouvez espérer vous en tirer avec ($0{,}5$ x $0{,}5x$Eur) + ($0{,}5$ x $2x$Eur) = $1{,}25x$. Le gain que vous pouvez en attendre est donc de 25 %, indépendamment du montant de l'enveloppe.

Le paradoxe

Mais pas si vite ! C'est absurde. Puisque vous devez prendre une enveloppe au hasard, comment est-il possible qu'il soit plus avantageux d'en choisir une pour prendre l'autre ensuite ? Considérez les choses autrement. Votre premier choix était complètement arbitraire ; vous auriez pu choisir l'enveloppe B, aussi bien. Et si vous aviez choisi l'enveloppe B, le même raisonnement vous aurait conduit à préférer la A dans un second temps.

C'est là précisément que réside le paradoxe. Le sens commun dit que cela ne fait aucune différence de changer d'enveloppe. Et pourtant notre raisonnement minutieux nous dit que cela en fait une.

Qui va l'emporte, le sens commun ou notre raisonnement logique ? Pensez-vous toujours qu'il n'y a pas d'avantage à changer d'enveloppe ? Tournez la page pour le savoir.

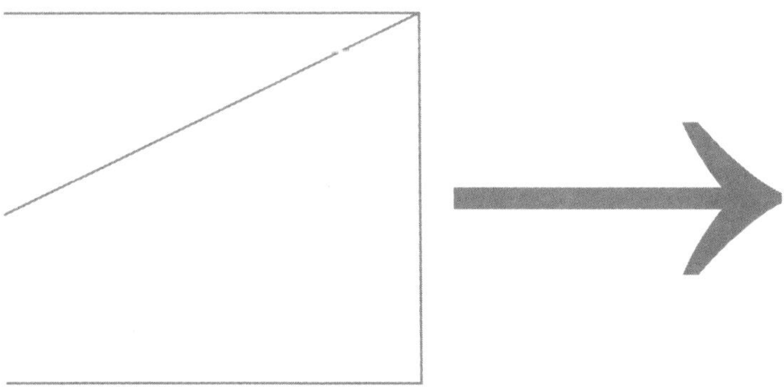

LE PARADOXE DES DEUX ENVELOPPES 2E PARTIE

Dans le paradoxe des deux enveloppes que nous venons de voir, le sens commun nous assure que nous n'avons pas intérêt à prendre l'autre enveloppe, alors qu'un argument de probabilités apparemment valide nous dit le contraire.

Une autre analyse

Il y a une autre façon, peut-être plus simple, d'analyser le problème. Il y a deux enveloppes, A et B. Les deux contiennent un chèque, et le montant de l'un des deux chèques fait le double de l'autre.

Disons qu'une enveloppe contient x euros, et l'autre $2x$ €. Dans ce cas, un changement chanceux d'enveloppe vous apportera un gain de x euros, tandis que si vous n'avez pas de chance, vous perdrez x euros. Vous êtes dans la même situation que si vous aviez choisi l'enveloppe en un seul coup. Vous avez donc autant de chances de gagner que de perdre x euros. Tout est parfaitement symétrique.

L'espérance d'un changement d'enveloppe est de $(0.5 \text{ x } x$ €$) + (0.5 \text{ x } 2x$ €$) = 1.5x$. *euros*. Le gain que l'on peut escompter en gardant la première enveloppe choisie est de $(0.5 \text{ x } x$ €$) + (0.5 \text{ x } 2x$ €$) = 1.5x$. Ainsi, de nouveau, la situation est parfaitement symétrique.

Ainsi, il n'y a pas d'avantage à espérer d'un changement d'enveloppe après un premier choix – résultat qui s'accorde merveilleusement avec le sens commun.

Il semble donc qu'il y ait quelque chose de faux dans notre argument précédent. Mais quoi ?

Le défaut dans l'argument de probabilité

Pour identifier le défaut de notre argument, il est utile de prendre le paradoxe des deux enveloppes dans le cas particulier où le prix maximal serait fixé, mettons qu'il soit de 1 000 €.

À présent, selon notre argument de probabilité, il y a autant de chance pour l'enveloppe B de contenir deux fois plus le montant de l'enveloppe A que d'en contenir deux fois moins. Mais si la somme maximale est de 1 000 €, ce n'est plus tout à fait aussi clair.

Supposez que vous ouvrez l'enveloppe A et que vous trouvez 600 €. De toute évidence, il n'est pas possible que l'enveloppe B contienne deux fois plus (donc 1 200 €) puisque le prix maximal est de 1 000 €. Cela signifie que l'enveloppe B contient seulement 300 €.

En fait, dès que l'enveloppe A contient une somme de plus de 500 €, l'enveloppe B contient nécessairement deux fois moins (et non deux fois plus) que l'enveloppe A.

De façon générale, si le prix maximal à gagner est de y euros et que l'enveloppe A contient plus de $y/2$ €, alors c'est que l'enveloppe B contient la plus petite somme.

Une petite illustration

Pour illustrer ce qui se passe dans un jeu à deux enveloppes avec un prix maximal fixé, considérons un schéma très simple dans lequel le gain total est de 8 € et dans lequel les enveloppes ne peuvent contenir que des montants entiers. Voici toutes les possibilités sous la forme d'un tableau.

A contient	B contient	En prenant B plutôt que A
1 €	2 €	Gain de 1 €
2 €	4 €	Gain de 2 €
2 €	1 €	Perte de 1 €
3 €	6 €	Gain de 3 €
4 €	8 €	Gain de 4 €
4 €	2 €	Perte de 2 €
6 €	3 €	Perte de 3 €
8 €	4 €	Perte de 4 €

		Gain total : 0 €

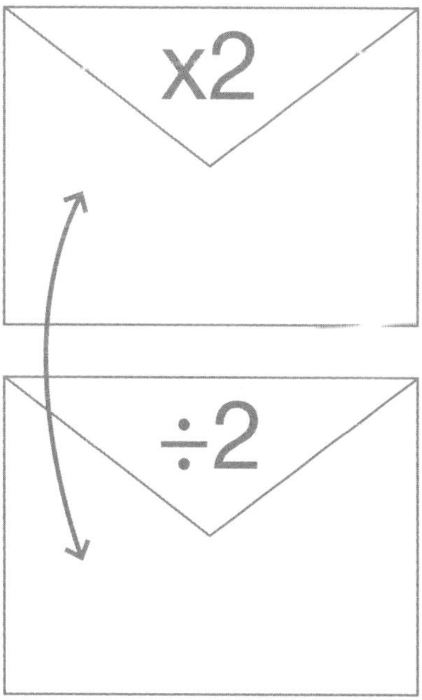

Donc de toute évidence, les pertes et les gains associés en changeant d'enveloppe s'annulent les uns les autres. Donc changer d'avis et prendre l'autre enveloppe ne donne aucun avantage.

Prix finis et prix infinis

Les pertes et les gains s'annulent de cette façon pour tout jeu de ce type impliquant des sommes finies. Mais l'hypothèse selon laquelle il y aura toujours une chance égale que l'enveloppe B contienne ou bien le double de A ou bien deux fois moins que A, n'est pas toujours vraie.

Donc tant que le prix est limité, le paradoxe disparaît.

Que se passe-t-il si le prix à gagner est infini ? Dans ce cas, le paradoxe demeure. Mais, comme nous l'avons vu dans le chapitre 4, l'infini est un animal très étrange.

LE PARADOXE DE SAINT-PÉTERSBOURG

Au 18e siècle, Saint-Pétersbourg, capitale de la Russie, était la ville des mathématiciens qui venaient de toute l'Europe. C'est là que les deux cousins Nicholas et Daniel Bernoulli, mathématiciens suisses, conçurent ce qu'on a coutume d'appeler le paradoxe de Saint-Pétersbourg.

Pile ou face

Imaginez que vous êtes invités à parier dans un jeu de hasard, dont les règles sont les suivantes :

Une pièce est lancée à pile ou face jusqu'à ce qu'elle tombe sur face ; à ce moment-là, le jeu est fini. Si la pièce tombe sur face au premier coup, vous gagnez 1 €. Si elle ne tombe pas sur face avant le second tour, vous gagnez 2 €. Si ce n'est pas avant le troisième, vous gagnez 4 €, et ainsi de suite. Le montant double à chaque fois.

Ce qui se formule ainsi : si la pièce tombe sur face au nième lancer, vous gagnez 2^{n-1} €, et c'est la fin du jeu.

Combien seriez-vous prêt à mettre dans ce jeu ?

Ça rapport combien ?

Pour décider combien il serait raisonnable de mettre dans un jeu de hasard, vous devez d'abord calculer ce qu'on appelle l'espérance du jeu.

Disons, par exemple, que vous avez la possibilité de parier sur un seul lancer de la pièce. On vous offre de gagner 10 € si la pièce tombe sur face, et 2 € si elle tombe sur pile. Dans ce cas, vous avez 50 % de chance de gagner 10 € et 50 % d'en gagner 2. L'espérance du jeu est donc de (0,5 x 10) + (0,5 x 2) = 6 €.

Puisque le jeu a une espérance mathématique de 6 €, vous pourriez légitimement mettre jusqu'à 6 € pour jouer. Si vous aviez la possibilité de jouer 4 €, ce serait une forte motivation pour jouer, puisque l'espérance de votre gain serait de 6 – 4 = 2€.

Et maintenant, le jeu de Saint-Pétersbourg ? Comment allons-nous calculer son espérance ?

Eh bien, il y a 0,5 chance (ou 50 %) que la pièce tombe sur face au premier lancer, auquel cas vous gagnerez 1€. Donc cette possibilité a une espérance de 0,5 x 1 = 0,5 €.

Ensuite, il y a 0,5 x 0,5 chance que la pièce tombe d'abord sur pile et ensuite sur face, auquel cas vous gagnerez 2 €. Donc cette possibilité a une espérance de 0,5 x 0,5 x 2 = 0,5 €.

Puis il y a 0,5 x 0,5 x 0,5 chance que la pièce tombe deux fois sur pile et la troisième fois sur face, auquel cas vous gagnerez 4 €. Donc cette possibilité a une espérance de 0,5 x 0,5 x 0,5 x 4 = 0,5 €.

De toute évidence, ces issues sont sans fin, chacune ayant la moitié de la probabilité de la précédente, mais pour un gain qui double. Donc l'espérance du jeu est de : 0,5 + 0,5 + 0,5…+ 0,5 … €. En d'autres termes, le jeu a une espérance mathématique infinie.

Combien est-il raisonnable de miser dans un jeu comme celui-ci, qui a une espérance infinie ? À coup sûr, n'importe quelle somme. Pourtant, vous hésiteriez probablement à mettre 100 €, non ?

Résoudre le paradoxe

Le paradoxe de Saint-Pétersbourg est un vrai paradoxe. Il est très remarquable car sa conclusion contradictoire résulte d'un raisonnement valide. Le jeu a une infinité d'espérances mathématiques. Pourtant, vous ne pourriez pas miser dessus. Il n'y a pas solution unanime pour ce problème, mais voici quelques éléments de réponse. Laquelle vous semble pertinente ?

1. L'argent n'est pas infini. L'espérance du jeu est censée être infinie, mais il y a une quantité limitée d'argent dans le monde. Concrètement, donc, l'espérance du jeu est finie.

2. Les rendements décroissants. Doubler le montant de la cagnotte ne double pas sa valeur. Gagner 10 millions d'euros, c'est merveilleux. Gagner 20 millions d'euros, c'est merveilleux aussi, mais ce n'est pas deux fois plus merveilleux. Donc en termes de valeur réelle, l'argent est sujet à la loi des rendements décroissants. Donc, bien que la cagnotte double à chaque fois qu'on obtient pile, ce n'est pas le cas de la valeur de la cagnotte.

3. Les gros lots sont rares. La probabilité de gagner le gros lot est très mince. Il est beaucoup plus probable que vous en gagniez seulement une petite somme. Quoi qu'en disent les mathématiques, il n'y a rien d'irrationnel à refuser de parier gros sur un résultat peu probable.

Portrait

BLAISE PASCAL

Les inventions du savant et théologien français Blaise Pascal (1623-1662) sont si nombreuses qu'il est impossible de lui rendre justice dans ces quelques lignes.

À peine âgé de 18 ans, il inventa et construisit une machine arithmétique pour aider son père dans son travail de juge. C'est en hommage à cette invention que le langage informatique PASCAL fut nommé.

Plus tard, Pascal s'intéressa à l'hydrostatique. Il fit des découvertes révolutionnaires sur la physique du vide, inventa la seringue et énonça ce qui devint le « principe de Pascal » : celui-ci pose que la pression appliquée à un liquide contenu est transmise également dans toutes les directions. L'unité de mesure internationale de la pression est le pascal (Pa). Il fut aussi un mathématicien de premier plan. En 1653, il écrivit un important *Traité du triangle arithmétique* que tous les écoliers connaissent sous le nom de triangle de Pascal.

En 1654, Pascal s'intéressa à l'application des mathématiques aux jeux de hasard.
La collaboration avec Pierre de Fermat aboutit à la théorie mathématique des probabilités.
De ce fait, Pascal est considéré comme le père fondateur de la théorie des probabilités.

En fait, la notion d'espérance mathématique (vue pp. 102-105) trouve son origine chez Pascal.

Le pari de Pascal

Fin 1654, Pascal fit une expérience mystique si intense qu'il abandonna la science et se dédia à la théologie. Son œuvre la plus importante de cette époque est une apologie de la foi chrétienne, recueillie dans ses *Pensées*. Cet ouvrage fut laissé inachevé à sa mort et fut rassemblé à partir de notes éparses qu'il avait laissées.

Il y a dans les *Pensées* la discussion philosophique la plus célèbre sur le point de savoir s'il faut croire en Dieu ou non: Pascal applique la théorie des probabilités à cette question pratique.

Les brouillons de Pascal laissent le débat ouvert, mais le raisonnement peut être présenté dans ses grandes lignes:

Vous ne savez pas si vous devez croire en Dieu ou pas. Comme un parieur qui doit jouer à pile ou face, vous ne savez que choisir. Très bien. La seule chose censée à faire est de comparer l'espérance mathématique de la croyance avec l'espérance de l'incrédulité. Alors, vous saurez quel est le choix le plus prudent.

Quelle est l'espérance de la croyance? Bien. Si Dieu existe, il vous accordera la vie éternelle alors que s'il n'existe pas, vous perdrez une quantité finie de plaisirs terrestres. Or l'infini moins une quantité finie égale l'infini. Par conséquent l'espérance de la croyance est infinie.

Quelle est l'espérance de l'incrédulité? Alors, si Dieu existe, il peut vous punir par la damnation éternelle, tandis que s'il n'existe pas, vous gagnerez une quantité finie de plaisirs terrestres. Ainsi, la récompense de l'incrédulité est tout au mieux petite.

De toute évidence donc, la prudence vous engage à choisir la croyance. Le pari recommande de croire en Dieu même si vous pensez que son existence est improbable.

Disons par exemple qu'il y a une chance sur mille (0,001) que Dieu existe. Il y a néanmoins une récompense infinie si vous pariez sur lui. Dans ce cas, l'espérance mathématique de la croyance équivaut à la probabilité qu'il existe (0,001) multipliée par la récompense que vous recevrez s'il existe (qui est infinie). N'importe quel nombre, aussi petit qu'il soit, multiplié par l'infini équivaut à l'infini. Par conséquent, si vous choisissez de croire en Dieu, vos espérances sont infinies.

Critiques du pari

On a émis de nombreuses critiques sur le pari de Pascal. En voici quelques-unes.

1. Nous ne pouvons pas choisir nos croyances. Pascal dit que l'option la plus prudente est de croire en Dieu. Mais nous ne pouvons pas décider de ce en quoi nous croyons. On ne peut se forcer à croire. Nous avons besoin d'être intimement convaincus de la vérité d'une croyance.
2. Quel Dieu? Le pari de Pascal est conçu pour nous encourager à croire en un Dieu chrétien. Mais le même argument vaut pour tout Dieu qui promet des récompenses ou des punitions infinies. De toute évidence, on ne peut croire en tous.
3. Les calculs sont inappropriés. Les croyances acquises artificiellement sur la base de calculs intéressés sont inappropriées en matière de religion. Une foi sincère n'est-elle pas nécessaire?

Exercice 5

La Belle au bois dormant, c'est vous

PROBLÈME

On vous a dit le dimanche que vous seriez plongé dans un sommeil artificiel le soir même pour une expérience se terminant le mercredi suivant. Pendant l'expérience, vous serez réveillé le lundi. On vous réveille le lundi en vous disant qu'on est lundi mais, avant de vous replonger dans le sommeil, votre mémoire est effacée, ou plus exactement remise dans l'état où elle était avant que vous ne soyez plongé dans le sommeil dimanche. Il se peut qu'on vous réveille mardi aussi, mais on vous a indiqué dimanche que cela dépendra d'un tirage à pile ou face : si la pièce tombe sur face, on vous réveille seulement le lundi ; si elle tombe sur pile, on vous réveille aussi le mardi. On vient juste de vous réveiller au milieu de l'expérience mais personne ne vous a dit quel jour on est. Il vous est impossible de savoir si on est lundi ou mardi. Quel degré de croyance devez-vous accorder à l'hypothèse selon laquelle la pièce est tombée sur face ?

MÉTHODE DE MONTHY

Si on est mardi, c'est que la pièce est tombée côté pile (puisque c'est la condition posée au fait qu'on vous réveille le mardi). Mais si on est lundi, la pièce a pu tomber sur pile ou sur face. Il y a donc trois possibilités :

	Face	Pile
Lundi		
Mardi	x	

La case avec x est exclue.

Puisque vous n'avez aucune raison de croire une possibilités plus qu'une autre, chacune mérite un crédit équivalent et donc exactement un tiers de votre croyance. Cela comprend la possibilité que la pièce tombe sur face. Si 1 = certain et 0 = impossible (ou exclu), votre croyance tend à équivaloir à 1/3.

Mais voilà un autre argument qui dit que la probabilité de tomber sur face n'est que d'un tiers. Supposons que l'expérience soit répétée chaque semaine sur une très longue période. Lors des tirages au sort, puisque la pièce n'est pas pipée, face devrait sortir aussi souvent que pile. Mais pour chaque fois où la pièce tombe sur face, vous n'êtes réveillé qu'une seule fois ; alors que si elle tombe sur pile, vous êtes réveillé deux fois. Par conséquent, à long terme, vous serez réveillé deux fois plus fréquemment par pile que par face. Vous voyez donc qu'il faut considérer qu'il y a deux fois plus de chances que la pièce tombe sur pile que sur face. Ce qui porte la croyance que ce soit pile à 2/3 et la croyance que ce soit face à 1/3. Encore une fois, on dirait que vous avez une chance sur trois de tomber sur face.

MÉTHODE DE JUDY

Fadaises ! On a dit que la pièce de monnaie n'est pas pipée. Les chances qu'elle tombe sur face sont de 50-50. Ainsi, le degré de croyance, ou la probabilité, devrait être d'1/2. Remarquons également qu'on n'a rien dit du moment où on lance la pièce. L'instant où on la jette en l'air est toujours suspendu !

La lance-t-on le dimanche avant que l'expérience vous soit expliquée, ou juste après mais avant que vous ne soyez endormi ? Peut-être que la pièce a été lancée pendant votre sommeil, juste avant qu'on ne vous réveille – tout ce que vous savez, c'est que le lancer doit avoir lieu. Peut-être que maintenant, c'est lundi et que les expérimentateurs arriveront dans un instant et vous le confirmeront avant de remettre votre mémoire à zéro pour vous endormir, et seulement alors lancer la pièce.
La probabilité qu'une pièce non pipée tombe sur face peut-elle être d'1/3 ? Soyons sérieux. Il importe peu de savoir quand on lance la pièce, l'essentiel est d'être sûr que la pièce n'est pas truquée. Les chances qu'elle retombe sur face sont alors de 1/2. Comment le fait de réfléchir maintenant à quelque chose que vous saviez déjà dimanche soir pourrait-il réduire la probabilité que la pièce tombe sur face à 1/3 ?

SOLUTION

Supposons maintenant qu'on vous dise qu'on est lundi. Cette nouvelle information va-t-elle changer votre degré de croyance dans la probabilité que la pièce tombe sur face ?

Les partisans du 1/3 et les partisans du 1/2 pensent que votre degré de croyance pour que la pièce tombe sur face doit augmenter. Les partisans du tiers pensent qu'elle doit augmenter de moitié.
Les partisans de la moitié diront qu'elle augmente de 2/3. Pourquoi ?

Vous apprenez de fait quelque chose lorsqu'on vous dit qu'on est lundi, et cela change les probabilités subjectives.
Par exemple, vous savez maintenant que votre mémoire sera bientôt réinitialisée à son état de dimanche soir et que bientôt vous serez de nouveau plongé dans le sommeil. Vous savez également que mardi est dans le futur et que vous n'êtes pas en ce moment dans ce futur. Cela veut dire que l'une des trois cases ouvertes du tableau ci-dessus est maintenant décidée. Vous vous êtes réveillé en sachant que vous pourriez être dans chacune des trois possibilités, à présent vous savez qu'il ne reste plus que deux possibilités. Pour cette raison, la probabilité que la pièce tombe sur face, étant donné que vous savez qu'on est lundi, change sensiblement.

Chapitre

6

L'espace et le temps

L'espace et le temps sont des abstractions. Pourtant ils constituent notre réalité. L'analyse de leur structure révèle une large gamme de paradoxes étourdissants. Ces paradoxes, parmi les plus féconds et appréciés en philosophie, ont également enrichi la physique antique et moderne. Reposant souvent sur les mathématiques de l'infini, ils peuvent servir à révéler les pouvoirs de dieux fictifs qui, affranchis des lois de la physique et de la finitude terrestre, jouent un rôle important dans l'illustration et le développement du questionnement philosophique sur le paradoxe.

Portrait

ZÉNON D'ÉLÉE

Parlez de « paradoxe » à un amateur de philosophie, mathématiques ou sciences: c'est le nom de Zénon qui lui viendra probablement à l'esprit: Zénon d'Élée, précisément (pour éviter toute confusion avec le philosophe stoïcien, Zénon de Citium).

Zénon (v 490-430 av. J.-C.) comme Eubulide (pp. 36-37), doit principalement sa renommée à l'invention de quelques ingénieux paradoxes.

Les paradoxes de Zénon comme ceux d'Eubulide, sont si intéressants et étonnants qu'ils ont résisté à l'épreuve du temps et continuent de susciter de vifs débats.

En effet, la célébrité de Zénon dépasse celle d'Eubulide. Son paradoxe d'Achille et la tortue (pp. 116-117) est bien connu même de ceux qui ne s'intéressent pas spécialement à la philosophie (sans doute parce qu'on le raconte comme une histoire, avec des personnages intéressants comme dans les fables d'Ésope).

Zénon était l'élève préféré (et au dire de certains, amant) du philosophe Parménide (v. 520-v. 450 av. J.-C.). Ils étaient tous deux originaires de la colonie grecque d'Élée en Italie du Sud.

Platon nous dit que Parménide et Zénon se rendirent à Athènes aux environs de 450 av. J. C. et firent la connaissance du jeune Socrate. Ils se sont visiblement très bien entendus, et on estime que la philosophie de Parménide a eu une influence durable sur Socrate.

On sait peu de chose sur la vie de Zénon, mais les légendes abondent au sujet de sa mort. On dit que quand il revint d'Athènes à Élée, il prit part à un complot contre Néarche, le tyran de la cité. Le complot échoua et Néarche fit interroger, torturer et exécuter Zénon.

Certains récits rapportent que Zénon interrogé sur ses complices, cita les noms des amis de Néarche, d'autres disent qu'il trancha sa propre langue avec ses dents et la cracha sur le tyran, d'autres encore disent qu'il attaqua Néarche et lui arracha le nez d'un coup de dents.

Le contexte des paradoxes de Zénon

Parménide avait des idées diamétralement opposées à celles d'Héraclite (pp. 34-35). Bertrand Russell résume très clairement leur divergence dans son *Histoire de la philosophie occidentale*: « Héraclite affirmait que tout change, Parménide répondait que rien ne change. »

Le monde, tel que nous le percevons, est constitué d'objets discrets de différentes tailles, qui se meuvent et changent au fil du temps. Mais Parménide considérait que les sens sont trompeurs. Il enseignait que contrairement aux apparences, l'univers est permanent et immuable.

Pour lui, le seul être véritable est « l'Un »: une substance physique qui est infinie, intemporelle, immuable et indivisible. Par cette affirmation, le temps, le devenir, le mouvement, la divisibilité et la pluralité ne sont que des illusions.

Les paradoxes de Zénon ont pour but de montrer que nos idées habituelles sur le temps, le mouvement, etc. ne résistent pas à l'analyse minutieuse et logique. Ainsi,

Zénon apporte un soutien indirect à Parménide affirmant que la réalité est un « Un » éternel et immuable.

Les paradoxes utilisent le raisonnement par l'absurde (pp. 72-73). Zénon commence par supposer que, par exemple, le temps et le mouvement existent ou que l'univers contient de multiples composants. Ensuite, il se met ensuite à tirer des conclusions absurdes de ces hypothèses et, de ce fait il les discrédite.

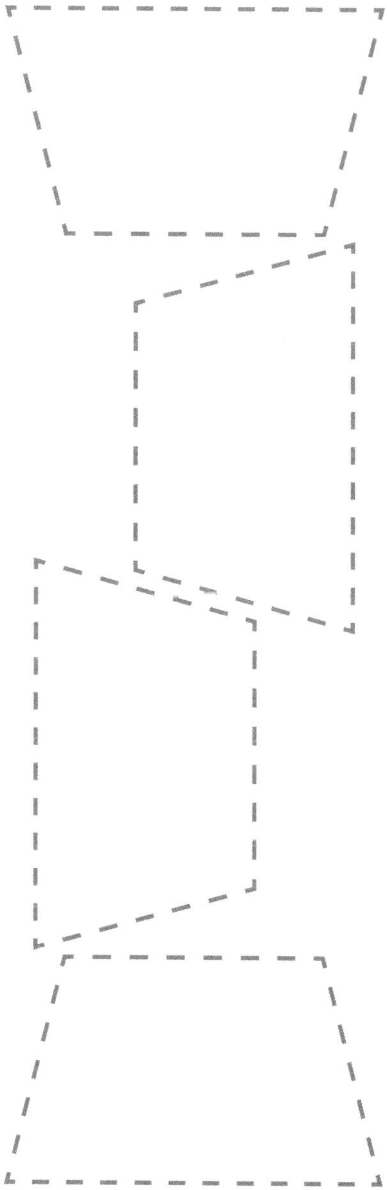

Zénon contre la pluralité

Les paradoxes les plus connus de Zénon visent la notion de mouvement. Nous les examinons pp. 116-119. En attendant, voici un autre paradoxe de Zénon dirigé contre les notions de pluralité et de taille.

Commençons avec l'affirmation que l'univers contient des objets de tailles différentes. Si un objet a une taille, il est nécessairement composé de parties. Par conséquent, cet objet n'est pas un, mais plutôt une agrégation d'objets plus petits. Un véritable objet individuel ne doit pas avoir de taille. Mais un objet sans taille n'est absolument rien. Et toute agrégation d'objets sans taille n'aura lui-même pas de taille et n'est donc rien, non plus.

ACHILLE ET LA TORTUE

Les paradoxes les plus célèbres de Zénon portent sur le mouvement. Malheureusement, presque tous ses écrits ont été perdus, et nous ne connaissons ses paradoxes sur le mouvement que par des citations à travers les écrits d'Aristote.

Dans ce fameux paradoxe, Zénon nous demande d'imaginer une course entre Achille et une tortue. Achille est un athlète superbe tandis que la tortue… et bien… c'est une tortue. Puisqu'Achille court beaucoup plus vite que la tortue, il lui accorde une longueur d'avance. Mais la course est longue et Achille a largement le temps de la rattraper.

Qui gagnera ? Achille, bien sûr !

Pas si vite ! dit Zénon, si on y pense logiquement, on constatera qu'Achille ne peut pas gagner la course avant d'avoir dépassé la tortue. Mais il ne peut pas dépasser la tortue avant de l'avoir rattrapée : et c'est une chose qu'il ne pourra jamais faire.

Voici le détail de l'argumentation : Achille aura beau courir très vite, il lui faudra un certain temps pour rattraper la tortue. Entre-temps, la tortue aura avancé à un nouveau point situé plus loin sur la piste.

Achille doit à présent rattraper la tortue à ce nouveau point. Mais il aura beau courir très vite, il lui faudra du temps. Pendant ce temps, la tortue aura encore progressé plus avant sur la piste. Et ainsi de suite, à l'infini.

Achille ne pourra jamais rattraper la tortue, encore moins la dépasser : il ne peut donc pas gagner la course.

Réfléchissons !

L'argumentation de Zénon est subtile et astucieuse. Mais la plupart des lecteurs ne voudront pas l'admettre. Après tout, on sait qu'un athlète rapide peut dépasser une tortue qui se déplace lentement. Il y a nécessairement une faille dans le raisonnement de Zénon, il s'agit de savoir où.

Les philosophes débattent du paradoxe d'Achille et la tortue depuis plus de deux millénaires, il y a eu de nombreuses approches pour le résoudre. Voici une résolution pittoresque tirée d'un article d'Alan R. White, qui fut publié par le magazine *Mind* en 1963.

Achille au stand de tir

L'ombre (autrement dit l'âme ou le fantôme) d'Achille décide de tenter sa chance au stand de tir. L'ombre de Zénon lui donne ce conseil : « Pour atteindre la cible, vise le point où elle se trouve actuellement. »

Achille suit le conseil de Zénon, prend une carabine, vise précisément et appuie sur la gâchette. Mais au moment où la balle atteint le point, la cible s'est déplacée : coup manqué.

Achille essaie de nouveau : cette fois-ci avec une carabine plus sensible et des balles plus rapides. Mais sans résultat. Ses balles arrivent toujours légèrement à gauche des cibles qui se déplacent vers la droite.

Heureusement pour Achille, apparaît l'ombre de Socrate qui lui dit : « Tu n'atteindras jamais le centre d'une cible mouvante en visant sa position actuelle, tu dois viser légèrement à droite, à l'endroit où la cible sera quand la balle arrivera. » Achille suit le conseil de Socrate et tape dans le mille.

Que prouve l'histoire d'Achille au stand de tir ? Permet-elle de repérer la faille dans l'argumentation de Zénon ?

Alan R. White veut montrer que le paradoxe d'Achille et de la tortue nous trompe de la même manière que Zénon trompe Achille au stand de tir.

Achille atteindra la cible mouvante non pas en visant le point où elle se trouve, mais uniquement en visant le point qu'elle va atteindre. De même, Achille ne pourra jamais rattraper la tortue en courant à l'endroit où elle est actuellement ; mais il la rattrapera facilement en courant la rejoindre à l'endroit où elle va se trouver.

« Zénon n'a pas prouvé qu'Achille ne peut pas rattraper la tortue, dit White, il a prouvé qu'incontestablement, Achille ne pourra jamais la rattraper en comblant indéfiniment l'écart qui les sépare. »

Tout cela paraît parfaitement sensé. Apparemment, Achille peut dépasser la tortue juste en courant vers un point situé au-delà de sa position actuelle : le poteau d'arrivée par exemple.

Mais là, Zénon répliquerait peut-être en souriant : « Et oui, mais l'ennui, c'est qu'Achille ne pourra jamais atteindre le poteau d'arrivée ou tout autre point de la piste. » Nous analyserons les raisons de sa déclaration saisissante pp. 118-119.

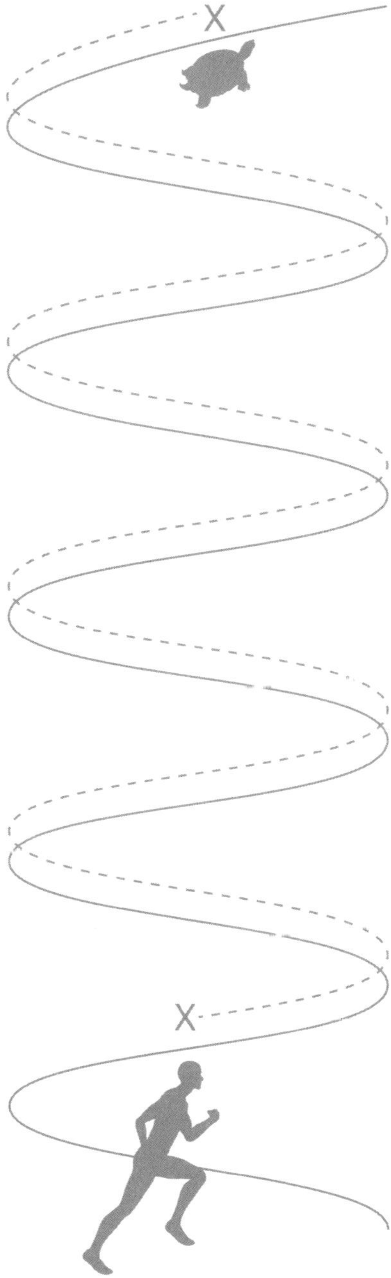

LA PISTE

Le paradoxe d'Achille et la tortue de Zénon a pour but de montrer qu'Achille au pied agile ne rattrapera jamais la tortue au pas lent, quelles que soient sa rapidité ou la distance à parcourir. Dans le paradoxe de la piste (également nommé la dichotomie), Zénon va un peu plus loin. Il démontre qu'aucun athlète, si rapide soit-il, ne pourra jamais atteindre le bout de la piste. Voici comment :

La piste

Pour parcourir la longueur totale d'une piste, l'athlète doit d'abord atteindre le point médian : il lui reste la moitié de la distance initiale à couvrir.

Pour parcourir ce reste de piste, il doit d'abord parcourir la moitié : il lui reste un quart de piste à couvrir.

Afin de parcourir ce quart de piste restant, il doit d'abord parcourir la moitié, ce qui lui laisse encore un huitième de piste à couvrir.

Mais ce processus se poursuit à l'infini. L'athlète ne terminera sa course qu'en parcourant un nombre illimité de distances de plus en plus petites. Or, c'est impossible puisque personne ne peut parcourir un nombre illimité de longueurs en un temps limité. Par conséquent, l'athlète n'atteindra le bout de la piste.

Exactement le même raisonnement s'applique à toute personne ou toute chose allant à un endroit donné. Achille n'arrivera jamais au bout de la piste, et la tortue non plus. Ni vous ni moi ne pouvons ne serait-ce que traverser une pièce d'un mur à l'autre. En effet, il est impossible d'arriver à un point donné puisque parcourir le moindre millimètre nécessite de couvrir d'abord 0,5mm, puis 0,25 mm, puis 0,125 mm et ainsi de suite.

La réfutation de Zénon

Zénon a conçu le paradoxe de la piste (dichotomie) pour soutenir indirectement la doctrine de Parménide selon laquelle, contrairement aux apparences, les choses ne bougent pas et ne changent pas. (voir pp. 114-115). Zénon veut nous convaincre que la notion de mouvement s'avère logiquement erronée, et qu'il faut donc y renoncer.

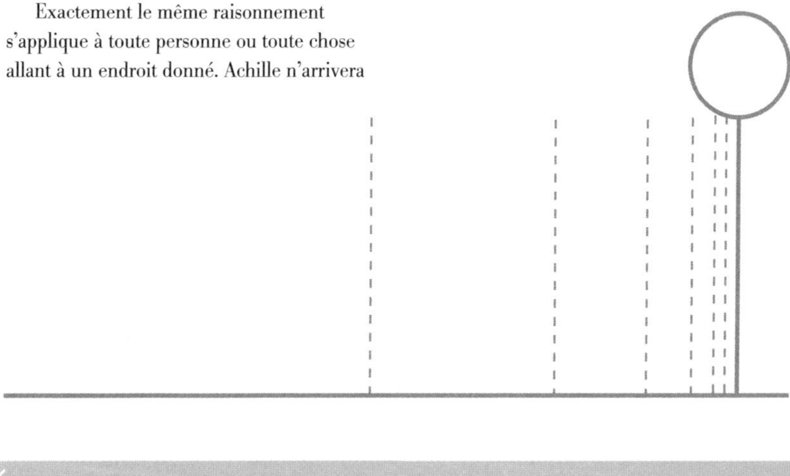

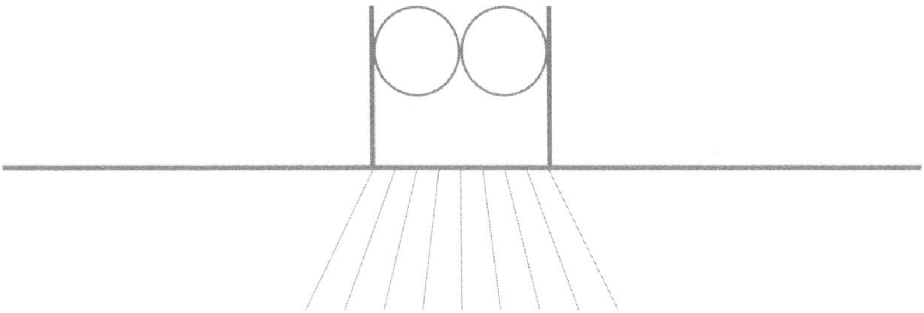

Pendant pratiquement 2 500 ans, les philosophes, les mathématiciens et les savants se sont affrontés à Zénon. Plutôt que d'accepter ses conclusions bizarres, ils ont cherché à réfuter sa démonstration. Beaucoup sont d'avis que la réponse mathématique suivante assène le coup fatal.

La somme de séries infinies

Supposons pour simplifier que la longueur de la piste est d'un kilomètre. L'athlète doit alors couvrir ½ km, puis ¼ km, puis 1/8 km, puis 1/16 km, et ainsi de suite. Supposons aussi qu'il court à la vitesse très impressionnante d'un kilomètre par minute. Dans ce cas, il couvrira les distances constamment décroissantes en des temps de plus en plus courts : ½ minute, ¼ minute, 1/8 minute, 1/16 minute, etc.

Le temps total mis pour terminer la course est donc :

$\frac{1}{2} + \frac{1}{4} + \frac{1}{8} + \frac{1}{16} + \frac{1}{32} + \frac{1}{64} + \ldots + \frac{1}{2^n} + \frac{1}{2^{n+1}} + \ldots$ minutes

Zénon semble considérer que la somme d'un nombre infini de fractions comme celle-ci doit avoir pour résultat une somme infinie. Mais les mathématiciens savent à présent que ce n'est pas le cas. Quand on ajoute les termes successifs de cette série particulière, la somme tend (se rapproche) vers la limite de 1.

Le coureur peut donc faire un nombre infini de trajets en un temps fini, parce que chaque nouvel intervalle est plus court que le précédent et que la somme de ces intervalles tend vers une limite finie.

Note de l'auteur

Bien que ces calculs paraissent impeccables, cette réfutation du paradoxe de Zénon ne satisfait pas complètement ma curiosité.

Au moment où l'athlète atteint le poteau d'arrivée, il doit en quelque sorte avoir accompli un nombre infini de trajets. Il faut convenir qu'il les accomplit de plus en plus rapidement et que la somme des intervalles de temps tend vers une limite finie.

Quoi qu'il en soit, pour moi Gary Hayden, l'idée d'accomplir un nombre infini de trajets est très déconcertante. Cela nous amène tranquillement aux : « SUPERTASKS [1] ».

[1] En philosophie, un « supertask » est une tâche se produisant dans un intervalle fini de temps impliquant beaucoup d'étapes.

LES SUPERTASKS

Peut-on accomplir une série infinie de tâches en un temps fini ? De prime abord, cela semble une question ridicule. Après tout, qui a jamais osé insinuer qu'une telle chose était possible ?

Mais la question est effectivement liée au paradoxe de la piste. Voici pourquoi. Pour atteindre le poteau d'arrivée, l'athlète doit, semble-t-il, parcourir un nombre infini de trajets en un temps fini. C'est-à-dire qu'il doit accomplir ce que les philosophes nomment un « supertask ».

Le philosophe anglais James F. Thomson a conçu le paradoxe suivant qui fera la lumière sur la question (jeu de mots délibéré).

La lampe de Thomson

Imaginez une lampe électrique dotée d'un interrupteur presse-bouton. La première pression allume la lampe, la troisième la rallume et ainsi de suite à l'infini.

Imaginez alors que pendant une minute on appuie de manière répétée, à des intervalles de temps de plus en plus petits se rapprochant de zéro : $\frac{1}{2}$ minute, $\frac{1}{4}$ de minute, 1/8 de minute, 1/16 de minute, etc.
La minute écoulée, la lampe aura été allumée et éteinte un nombre infini de fois. Elle aura accompli un « supertask ».

Il faut alors savoir si pour finir, la lampe est allumée ou éteinte.

Thomson avance que la lampe ne peut pas être allumée puisque chaque fois qu'on a allumé, on a ensuite éteint. Mais par le même raisonnement, la lampe ne peut pas être éteinte puisque chaque fois qu'on l'a éteinte, on l'a ensuite rallumée. Par conséquent, la lampe ne peut être ni allumée ni éteinte, pourtant il est évident qu'elle doit être soit allumée soit éteinte.

L'hypothèse que la lampe accomplit un « supertask » mène à une contradiction. Ainsi, Thomson prétend démontrer par l'absurde (voir pp. 72-73) que l'idée même d'accomplir un « supertask » est logiquement démolie.

Réfutation de la thèse de Thomson

La lampe de Thomson n'est matériellement pas réaliste. Il y a des arguments scientifiques irréfutables affirmant qu'aucune lampe de ce type ne peut exister. Mais le scénario de la lampe semble tout de même, du moins logiquement et il y aurait apparemment des raisons logiques de rejeter les « supertasks ».
Cependant l'analyse de Thomson a un défaut.

La somme d'intervalles de temps successifs ($\frac{1}{2} + \frac{1}{4} + \frac{1}{8} + \frac{1}{16} + \ldots$) se rapproche toujours plus de la limite de 1, mais sans jamais l'atteindre. Donc la règle régissant les pressions successives sur l'interrupteur nous indique précisément l'état de la lampe à tout instant antérieur à l'échéance de la minute, mais cela ne nous renseigne nullement sur le statut de la lampe à la fin de la minute.

Loin d'engendrer une contradiction sur l'état de la lampe à la fin de la minute, le paradoxe de Thomson n'a rien à en dire.

MATIÈRE À RÉFLEXION

Alors apparemment, la lampe de Thomson n'élimine pas la possibilité logique d'accomplir un nombre infini de tâches. Pourtant, je trouve toujours ces « supertasks » très troublants. Et cela me met très mal à l'aise par rapport au paradoxe de la piste (dichotomie).

Je me représente visuellement l'athlète de Zénon courant vers le poteau d'arrivée. En même temps, j'imagine Dieu (je suis agnostique, mais peu importe) observant sa progression et disant « bip » chaque fois que l'athlète accomplit un de ses trajets de plus en plus courts : à ½ km, ¾ km, ⅞ km, $^{15}/_{16}$ km…

Puisque Dieu est tout-puissant, il devrait accomplir cette tâche facilement. Il devra, bien sûr, dire « bip » de plus en plus vite. Mais si Dieu ne peut pas accomplir le « supertask », qui peut le faire ?

Au bout d'une minute, quand l'athlète atteindra le poteau d'arrivée, Dieu aura dit « bip » un nombre infini de fois. Une telle pensée me donne le vertige, quoi qu'en disent les mathématiciens. Et vous, qu'en pensez-vous ?

ALBERT EINSTEIN

«Le talent frappe une cible que personne n'atteint; le génie frappe une cible que personne ne voit », a dit le philosophe allemand Schopenhauer. À cette aune ou toute autre, Albert Einstein (1879-1959) était un génie. Ses idées audacieuses et surprenantes révolutionnèrent la science du 20e siècle.

Einstein commença à s'intéresser à la physique dès l'âge de 4 ou 5 ans, quand son père lui montra une boussole magnétique. Cela le fascina et il essaya d'imaginer la force mystérieuse qui orientait inévitablement l'aiguille vers le nord. Cette curiosité enfantine anima ses travaux ultérieurs. Pour lui, le monde était une énigme: relever le défi pour le résoudre l'enthousiasmait.

En dépit de son talent extraordinaire, Einstein ne suivit pas une véritable scolarité. Il se sentit étouffé par les méthodes militaires et les programmes ennuyeux de son école secondaire à Munich. Par la suite, il prépara un diplôme à l'Institut fédéral suisse de technologie à Zurich, mais en trouva les méthodes d'enseignement guère mieux adaptées à ses goûts.

Après avoir passé son diplôme, il trouva un emploi d'assistant technique à l'Office des brevets à Zurich. Son travail exigeait peu en regard de ses grandes capacités, ce qui lui laissait beaucoup de temps disponible pour étudier la physique. Il passa son doctorat à l'université de Zurich en 1905.

La même année, il publia trois articles scientifiques. Les trois eurent une grande influence sur le développement de la physique: prouesse déjà remarquable, mais à peine imaginable venant d'un amateur. L'un de ces articles décrivait sa théorie restreinte de la relativité (voir pp. 124-125), qui donna le jour à la plus célèbre équation de l'histoire des sciences: $E = mc^2$.

Einstein passa encore quatre années à l'Office des brevets avant d'obtenir des affectations universitaires à Zurich, Prague et Berlin. En 1915, il présenta sa théorie générale de la relativité, qui généralisait la théorie restreinte pour tenir compte des effets de la gravitation sur l'espace et le temps (Voir pp. 126-129).

L'une des prédictions de la théorie générale de la relativité était que les rayons lumineux se réfracteraient en s'approchant du soleil; Cette prédiction fut confirmée par les astronomes lors de l'éclipse totale de soleil en 1919. Tous les journaux du monde annoncèrent le triomphe de la théorie d'Einstein et le catapultèrent à la célébrité internationale. Il reçut le prix Nobel de physique en 1921.

Quand Hitler accéda au pouvoir, Einstein quitta l'Allemagne et obtint une chaire à l'Institut de recherche avancée de Princeton, New Jersey. En 1939, il signa une lettre au Président Franklin D. Roosevelt l'avertissant que les Allemands envisageaient peut-être de construire une bombe atomique (utilisant les principes scientifiques qu'Einstein lui-même avait précédemment découverts).

Cette lettre influença la décision du gouvernement américain de fabriquer eux-mêmes la bombe « A », même si Einstein ne prit pas part à son développement. Plus tard, il condamna l'utilisation de la bombe atomique contre le Japon et fit campagne contre l'arme atomique.

Tout au long de sa carrière, Einstein allia sa passion pour la physique à un sens moral élevé, et un vif intérêt pour la politique. Il utilisa sa renommée comme tribune pour prendre position contre le racisme et le sectarisme, et dénoncer le Maccarthysme.

L'espace, le temps et Einstein

L'idée de voyager dans le temps est séduisante. Nous avons presque tous rêvé de voyager dans le futur pour assister aux merveilles technologiques qui nous y attendent ; ou de retourner dans le passé pour nous promener avec les dinosaures ou écouter le Sermon sur la Montagne.

Évidemment, le sens commun nous dit que tout cela est pure fiction. En fait, le temps ne peut être ni modifié ni manipulé. C'est un flux éternel qui s'écoule irrémédiablement du passé vers l'avenir, emportant tout et tous à une allure constante et immuable. Nous ne pouvons pas retourner dans le passé parce qu'il n'existe plus ; nous ne pouvons pas voyager dans le futur parce qu'il est à venir.

C'est cette vision du temps qu'adopta Isaac Newton (1642-1727), dont les théories scientifiques ont fait autorité parmi les physiciens pendant plus de 200 ans. Dans l'univers de Newton, le temps est absolu, irréversible et immuable. C'est le même pour tout le monde, partout.

Mais Newton se trompait. En 1905, Einstein publia sa théorie de la relativité restreinte qui renversa la conception newtonienne du temps en montrant que le temps est élastique. Il est extensible et compressible.

Une décennie plus tard, Einstein publia sa théorie de la relativité générale qui continuait d'éroder la représentation commune du temps en démontrant qu'il peut être faussé, parfois très sensiblement par la présence d'une masse ou d'énergie.

La théorie de la relativité restreinte prouve que voyager dans le futur ne pose pas de problème scientifique ; et la théorie de la relativité générale offre la possibilité fascinante de retourner dans le passé.

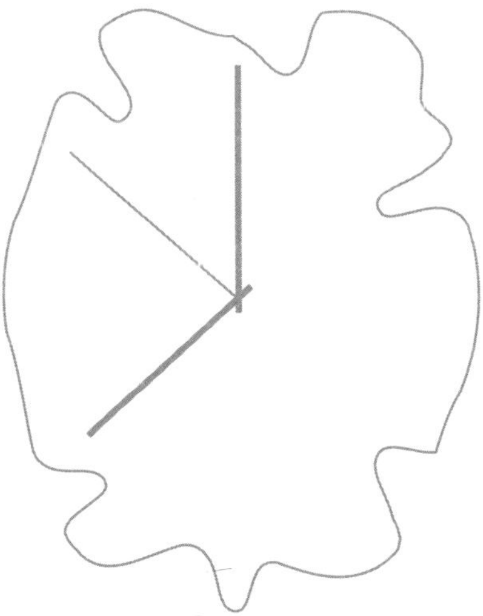

VOYAGES VERS LE FUTUR

En 1905, Einstein remplaça le concept de temps absolu par celui de temps relatif. Il étudiait la manière dont la lumière se déplace, et ne pouvait en rendre compte qu'en soumettant notre notion du temps à un complet bouleversement. Sa théorie de la relativité restreinte montra que la vitesse à laquelle le temps passe pour des observateurs différents dépend de leurs vélocités respectives.

Einstein prédit qu'une horloge qui effectue un tour complet prendra du retard par rapport à une horloge restant immobile au point de départ. Plus l'horloge se déplace vite, plus elle retardera. Ce ralentissement du temps par le mouvement s'appelle la dilatation du temps.

Pour que l'effet soit sensible, des vélocités approchant la vitesse de la lumière sont nécessaires. C'est effectivement très rapide puisque la lumière se propage à la vitesse colossale de 300 000 kilomètres par seconde. Un vaisseau spatial actuel n'atteint qu'une fraction de centième de cette vitesse.

Plus la vitesse de l'horloge se rapproche de celle de la lumière, plus l'effet de dilatation du temps augmente. Une horloge se déplaçant à la vitesse de la lumière s'immobiliserait complètement. Cependant, la théorie de la relativité restreinte démontre que la vitesse de la lumière est une limite que des corps matériels ordinaires n'atteindront jamais tout à fait. Il n'y a pas que les horloges à être affectées par le mouvement. Tous les processus physiques et biologiques sont ralentis précisément de la même manière. De fait, on a raison de dire que le temps lui-même ralentit. La relativité restreinte est une théorie étonnante, mais elle a été complètement vérifiée expérimentalement. L'un de ses aspects les plus surprenants est qu'elle permet de voyager dans le futur. Cette sorte de voyage dans le temps est illustrée par ce qu'on appelle le paradoxe des jumeaux.

Le paradoxe des jumeaux

Imaginons deux vrais jumeaux. Si un jumeau reste immobile sur terre pendant que l'autre fait un tour complet à très haute vélocité, le second jumeau vieillira plus vite que le premier. S'il voyage à une vitesse suffisamment proche de celle de la lumière, il pourra retourner sur terre des générations plus tard, en ayant lui-même très peu vieilli.

Cette sorte de voyage dans le temps est incontestable. Certes, cela exigerait d'énormes progrès technologiques. Mais au fond, une machine à remonter le temps capable de voyager dans le futur n'est rien d'autre qu'un vaisseau spatial se déplaçant presque aussi vite que la lumière.

Il faudrait noter que le paradoxe des jumeaux n'est un paradoxe qu'au sens faible puisqu'il va à l'encontre du sens commun. L'idée que, de deux jumeaux, l'un puisse être considérablement plus âgé que l'autre nous frappe par son absurdité. Mais aucune contradiction logique ou impossibilité scientifique n'intervient. Nous devons juste accepter le fait que l'univers est un endroit beaucoup plus bizarre que nous ne le croyons.

Récit édifiant

J'enseignais autrefois dans une école primaire. Un jour, je fis remarquer à un collègue que le temps s'écoule différemment pour des observateurs différents en fonction de leurs vélocités respectives. (Ne me demandez pas comment ce sujet a surgi dans la conversation !)

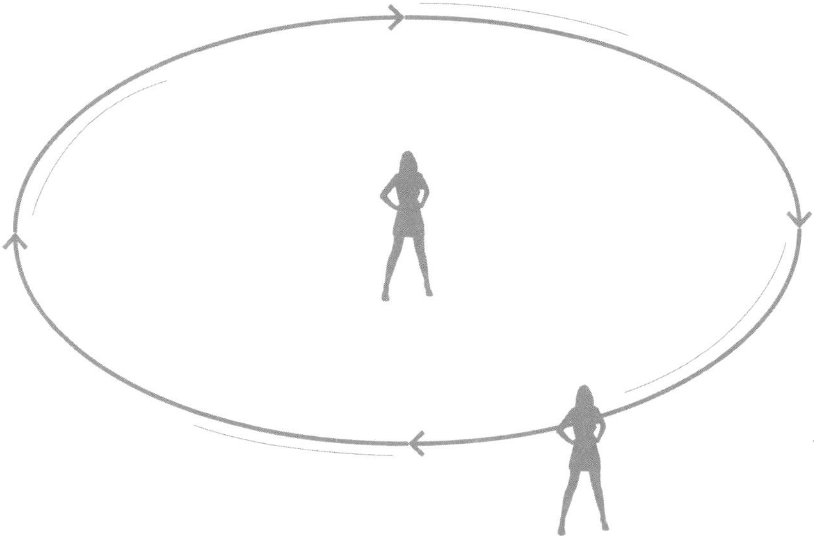

Je n'oublierai jamais le regard apitoyé qu'il me lança. Cela me rappela les mots de Festus à saint Paul : « Tu as perdu la tête, tes grandes études t'ont rendu fou ». Je commençai à expliquer que les effets de la dilatation du temps sont prédits par la théorie de la relativité restreinte d'Einstein, et a été complètement vérifiée expérimentalement. Mais en vain. Aucune connaissance scientifique ne pouvait le convaincre que ses intuitions pleines de bon sens étaient fausses.

Mais le sens commun est parfois un guide peu fiable dans des situations inhabituelles. Le philosophe John Locke (1632-1704) cite l'exemple éloquent du prince indien qui, après avoir vécu sous un climat chaud refusait de croire à l'existence de la glace.

De la même manière, les idées de mon collègue sur le temps étaient limitées par le fait qu'il habite une partie de l'univers où les gros objets se déplacent beaucoup plus lentement que la lumière. Les effets de la dilatation du temps échappent à son expérience quotidienne, et lui paraissaient donc absurdes.

Morale de ce récit édifiant ? Bertrand Russell l'exprime parfaitement : « Qui veut devenir philosophe doit apprendre à ne pas avoir peur des aberrations ».

VOYAGES VERS LE PASSÉ 1RE PARTIE

Nous pensons habituellement l'espace et le temps comme entités séparées. Mais dans l'univers d'Einstein, les trois dimensions spatiales et la dimension temporelle se combinent pour former un continuum que l'on nomme l'espace-temps. Tous les événements, passés, présents et futurs peuvent être situés grâce aux quatre coordonnées de l'espace-temps qui précisent où et quand ils ont lieu. .

Au lieu de penser que le temps s'écoule du passé vers le futur, la plupart des physiciens admettent la thèse que les événements existent simplement dans l'espace-temps. Cette conception du temps est connue sous de nom de « bloc du temps ». Les termes passé, présent et futur n'ont aucun sens particulier dans le bloc du temps. Tous les événements, quel que soit leur emplacement dans l'espace-temps sont tenus pour également réels.

Dans une lettre à un ami, Einstein écrivit un jour : « Nous, physiciens croyons que la séparation entre le passé, le présent et le futur n'est qu'une illusion, si convaincante soit-elle. »

Grâce à cette affirmation, le passé et le futur existent aussi sûrement que le présent. Les deux sont « là-bas ». La relativité restreinte nous fournit déjà le moyen de voyager vers le futur. On peut aussi retourner dans le passé à condition de trouver un moyen de naviguer à travers l'espace-temps pour s'y rendre. C'est là qu'intervient la relativité générale.

Dans sa théorie de la relativité générale, Einstein a étendu la relativité restreinte pour tenir compte des effets de la gravitation. Au cœur de la théorie, il y a l'idée que la gravité résulte de la distorsion de l'espaces-temps par la masse et l'énergie.

De la matière très dense peut distordre l'espace et le temps spectaculairement. Théoriquement, l'espace-temps peut être déformé au point qu'apparaissent des « courbes temporelles de temps fermé » (CTCs). Ce sont des trajectoires dans l'espace-temps qui forment des boucles sur elles-mêmes.

Les CTCs sont des couloirs potentiels vers le passé. Si un astronaute pouvait naviguer à bord d'un de ces couloirs en sécurité, il pourrait retourner dans le passé et participer aux événements de là-bas.

En 1949, le logicien autrichien Kurt Gödel a proposé des solutions aux équations gravitationnelles de terrain d'Einstein qui permettent de tels voyages dans le passé. Cependant ses solutions ne s'appliquent qu'à un univers en rotation qui n'est pas en expansion. Notre univers est en expansion et ne semble pas être en rotation. Néanmoins, les calculs de Gödel ont démontré que les voyages dans le temps sont possibles sans restrictions, du moins en principe, et ils ont permis la recherche d'autres situations dans lesquelles le retour vers le passé serait possible.

Certains physiciens ont laissé entendre qu'un trou noir en rotation pourrait distordre l'espace-temps suffisamment pour produire des CTCs. Théoriquement, un astronaute se lançant dans l'un de ces CTCs pourrait en sortir à une époque antérieure à celle à laquelle il est entré, mais seulement si une rotation suffisante lui permettait d'en sortir. Il semble malheureusement peu probable que des trous noirs se produisant spontanément aient la vitesse de rotation nécessaire.

Dans les années 1970, le physicien Frank Tipler a calculé qu'un cylindre très dense, tournant rapidement pourrait créer un champ gravitationnel capable de distordre assez l'espace-temps pour permettre les voyages dans le temps. Un long cylindre étroit, d'une masse de dix soleils, effectuant sur lui-même quelques milliards de révolutions par minute ferait l'affaire. La création d'une machine à remonter le temps de ce genre est cependant irréaliste.

Kip Thorne de l'Institut de Technologie de Californie affirme qu'en manipulant les deux extrémités d'un tunnel spatio-temporel (une sorte de raccourci à travers l'espace-temps), on pourrait fabriquer un CTC. La création d'un tunnel spatio-temporel traversable adapté aux voyages dans le temps présente des difficultés scientifiques et technologiques, qui exigeraient les ressources d'une civilisation beaucoup plus avancée que la nôtre. Cela ne signifie pas que c'est impossible.

Le retour vers le passé est peut-être chimérique. Les savants pourraient découvrir une loi physique qui l'interdit, les défis techniques pourraient s'avérer insurmontables. Mais pour le présent, cela reste une possibilité sidérante.

ET SI JAMAIS...

Si jamais les voyages dans le passé deviennent possibles, où sont tous les touristes temporels?

Les moments cruciaux de l'histoire attireront sûrement un flot massif de visiteurs venus du futur... Et il y aura sûrement quelqu'un du futur qui voudra intervenir pour empêcher l'ascension au pouvoir d'Hitler ou la crucifixion du Christ.

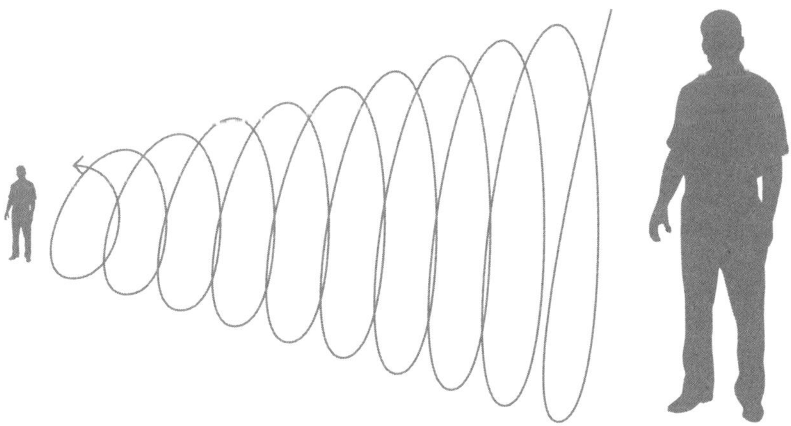

VOYAGES VERS LE PASSÉ 2E PARTIE

On n'a toujours pas trouvé de raison scientifique convaincante pour récuser les voyages dans le temps. Mais des objections logiques pourraient surgir, car la possibilité de voyager dans le passé amène d'inquiétants paradoxes.

Le paradoxe du grand-père

Si le retour dans le passé devient possible, qu'est-ce qui pourrait empêcher de retourner à une époque antérieure à la naissance de son père pour tuer son grand-père ? A priori, rien. Cependant, celui qui réussit empêchera la naissance de son père, garantissant ainsi sa propre non-existence, ce qui est franchement absurde.

Le paradoxe de la connaissance

Le retour dans le passé semble permettre des scénarios tels que le suivant :

Un jeune homme se voit offrir un livre par un vieillard. Le livre contient des explications pour construire une machine à remonter le temps, que le jeune homme entreprend alors de construire. Des années plus tard, devenu vieux, il retourne dans le passé et s'offre à lui-même jeune homme ce même livre.

C'est une situation très bizarre. Le livre n'est ni créé ni détruit. En outre, la connaissance contenue dans le livre ne vient de nulle part, personne n'a fait le moindre effort pour l'acquérir.

La résolution du paradoxe du grand-père

Certains savants, soucieux d'éviter des paradoxes comme celui du grand-père ont choisi d'écarter la possibilité de voyager dans le temps en invoquant un genre de loi physique qui l'interdit. Stephen Hawking a par exemple proposé une conjecture de protection chronologique, selon laquelle les lois physiques se ligueront toujours pour empêcher le retour vers le passé.

D'autres savants croient que les paradoxes peuvent être résolus. Une école de pensée soutient que les actes des voyageurs dans le temps seront soumis à des contraintes inhabituelles. C'est-à-dire qu'on peut retourner dans le passé mais on ne peut pas le changer.

Imaginez par exemple, que vous retournez à l'époque où votre grand-père était jeune avec l'intention de le tuer d'un coup de pistolet. Vous découvrirez que les circonstances se liguent contre vous. Le mécanisme de la gâchette peut s'enrayer. Ou vous changerez peut-être soudain d'avis. Il se peut que vous ne réussissiez qu'à le blesser. Auquel cas, il se retrouvera à l'hôpital, soigné par une infirmière qui ressemble étrangement à votre grand-mère…

Une autre école de pensée soutient que l'interprétation des univers multiples de la théorie quantique détient la clé pour résoudre les paradoxes de voyage dans le temps. Selon cette théorie, la réalité physique est composée d'une série d'univers parallèles. Certains scientifiques prétendent qu'en présence de courbes temporelles de temps fermé, ces univers normalement parallèles se rejoignent de manière inhabituelle. Le voyageur qui retourne dans le passé par un CTC sort dans un univers différent de celui qu'il a quitté. Ce qui veut dire qu'il quitte un univers où son grand-père vit jusqu'à un âge avancé mais entre dans un univers où son grand-père meurt jeune.

UN DÉFI : LE PARADOXE DE LA CONNAISSANCE

Il y a alors plusieurs manières de traiter le paradoxe du grand-père. Mais le paradoxe de la connaissance? Pouvez-vous trouver un moyen de le résoudre sans exclure d'emblée les voyages dans le temps ?

REMARQUES DE L'AUTEUR

Ma première réflexion est celle-ci : Bien que le retour vers le passé semble permettre des scénarios de paradoxes de la connaissance, ils n'en découlent pas. On peut donc simplement ignorer le problème.

Deuxièmement, je pense que l'interprétation des univers multiples de la mécanique quantique pourrait venir une fois de plus à la rescousse.

Par exemple : un voyageur dans le temps pourrait, grâce à des processus scientifiques normaux, découvrir comment construire une machine à remonter le temps. Il pourrait noter cette connaissance dans un livre, construire la machine, puis retourner dans le passé, à temps pour s'offrir à lui-même jeune homme le livre. Ayant navigué avec succès dans un CTC, il sortirait dans un univers différent de celui qu'il a quitté.

Ainsi, il pourrait se transmettre la connaissance du livre à lui-même jeune homme sans créer de paradoxe. Le livre et la connaissance qu'il contient serait le fruit d'un véritable effort de création, dans un autre monde toutefois.

Exercice 6

Le paradoxe des dieux

PROBLÈME

Un homme a l'intention de se rendre à pied d'un point A à un point B, distants d'un peu plus d'un kilomètre. Mais une infinité de dieux attendent avec l'intention de lui barrer le passage en érigeant des murs sur son trajet, si jamais il avance. Un premier dieu érige une barrière pour l'empêcher d'aller plus loin que la moitié de la distance complète. Un autre, deux fois plus prudent, met une barrière avant qu'il ait atteint le premier quart du trajet. Un troisième dieu est deux fois plus prudent que le deuxième et érige une barrière avant que l'homme ait atteint 1/8 du trajet. Le nième dieu érigerait une barrière à 1/2n du chemin afin d'interdire à l'homme tout progrès.

Montrez que l'homme ne se mettra jamais en route, bien qu'aucune barrière ne soit érigée.

MÉTHODE

Supposons que l'homme se mette en route. Montrez qu'il y a une contradiction.
Il s'ensuivra que l'homme ne peut même pas commencer. Nous reviendrons plus tard à la question de l'inutilité des barrières.
Il est commode de supposer que la distance entre A et B est de 1,024 km (= 1024 m = 2^{10} m).

Supposons à présent que la première foulée de l'homme soit de 1 mètre (cela pourrait être n'importe quelle distance finie). Posons que 1 m = 1,024 km / 2^{10} tandis que 2 m = 1,024 km / 2^9. Par conséquent, le 9e dieu aura à ériger une barrière à 1 m du point de départ. Mais l'homme n'arrivera pas jusque-là car le 10e dieu, deux fois plus prudent que le 9e, aura déjà planté une barrière à 0,5 m du départ. Ainsi, l'homme n'arrivera jamais à parcourir un seul mètre, bloqué à la moitié du chemin – et même cela, il ne peut l'atteindre, car au moment où il arriverait à la moitié de la moitié du chemin, le onzième dieu le bloquerait à 25 cm.
Ce raisonnement peut être répété ; le 20e dieu arrêterait l'homme avant qu'il ne franchisse 1 cm (1,024 km /2^{20} = 0,977 cm). Il est donc clair que l'homme ne peut même pas commencer son voyage.

Comment se fait-il, ensuite, qu'il n'y ait besoin d'ériger aucune barrière ? Parce qu'il n'est pas possible de poser une première barrière. Remarquons qu'une seule barrière divine arrêterait n'importe quel mortel. Une deuxième barrière serait donc parfaitement inutile. Nous pouvons supposer qu'aucun dieu ne s'ennuiera à créer une barrière si un autre dieu l'a déjà fait avant lui. Ainsi, si nous pouvons démontrer qu'aucune première barrière n'a été posée, il s'ensuivra qu'aucune ne peut l'être.

Supposons alors qu'une première barrière peut être érigée. Si nous pouvons trouver une contradiction dans cette proposition, nous prouvons alors qu'aucune barrière ne peut être construite.

Supposons que la première barrière soit placée à $1/2^m$ de la distance entre A et B. Elle aura été érigée par le mième dieu. Puisque c'est la *première* barrière, l'homme ne rencontrera pas d'obstacle jusque-là, et en particulier il n'aura à affronter aucune barrière jusqu'à la mi-distance entre A et cette barrière ; cette moitié du chemin à une distance de $1/2^{m}+1$ de la distance qui reste à parcourir. Toutefois, ce point aura déjà été mis hors d'atteinte par le $(m+1)^{ième}$ dieu qui est deux fois plus prudent que le $m^{ième}$ dieu. C'est cette barrière avant la première qui est absurde. Donc il ne peut pas y avoir de première barrière et s'il n'y a aucune première barrière, il ne peut pas y avoir de barrière du tout.

À propos des dieux… Les dieux sont tous capables du raisonnement sophistiqué que nous venons de présenter. Ainsi, le premier dieu est bien au courant qu'il ne sera pas nécessaire d'ériger la barrière de mi-chemin, et le 2e dieu sait qu'une barrière au quart du chemin sera inutile. Il en va de même pour le 3e dieu, etc. Si le nième dieu n'a pas besoin d'intervenir, il en va de même pour le $(n+1)^{ième}$ car ce dieu est assuré qu'avant que l'homme arrive à l'endroit où il doit placer la barrière $(1/2^{n}+1)$, le $(n+2)^{ième}$ dieu aura déjà barré le passage. C'est donc parce que l'homme ne peut commencer son voyage qu'aucun dieu n'a à l'en empêcher. Il semble que la seule intention de dieux bien coordonnés puisse empêcher les actions d'un mortel.

Mais il y a une autre difficulté : si aucun dieu n'agit, il n'y a aucune raison que l'homme ne commence pas son voyage. Et une fois parti, il n'y a aucune raison qu'il s'arrête.

SOLUTION

Ce résultat ne vous convient pas ? Consolez-vous en réfléchissant au côté absurde de ce paradoxe. Nous avons dû stipuler que si la situation se présentait, chaque dieu devait exécuter ses intentions dans le temps donné ; mais chacun, dans les faits, a deux fois moins de temps que son prédécesseur, et doit donc être deux fois plus efficace. Ainsi, on ne peut quantifier de durée nécessaire à la construction d'une barrière, et cette construction est immédiatement effective et connue de tous les autres dieux. Puissants en effet sont ces dieux, dont la probable inexistence est la condition essentielle de cette arnaque.

Chapitre

7

Les impossibilités

En fait, rien de ce qui est traité dans ce chapitre ne devrait exister. Mais un livre sur les paradoxes ne peut se passer d'un chapitre sur les impossibilités. Nous commencerons par voir de prétendues impossibilités, d'apparents paradoxes qui peuvent être facilement dissipés par le seul bon sens. Nous verrons ensuite d'authentiques objets impossibles, ou plutôt des dessins de ces objets pour nous concentrer ensuite sur des plans impossibles. Nous finirons par une nécessité mathématique si étrange qui semble qu'elle doive être impossible.

LES DIVERSES IMPOSSIBILITÉS

Être impossible : c'est pratiquement une contradiction dans les termes. Ce qui est impossible ne peut pas être. Comment pouvons-nous alors parler de ce qui est impossible ? De fait, l'impossibilité, c'est une forme de non-être nécessaire. L'impossible n'existe pas puisqu'il ne peut pas exister. L'impossible est une espèce de rien. Et si l'impossible, c'est rien, rien est sûrement impossible.

À propos de ce qu'il n'y a pas

Il y a une vieille question philosophique sur l'existence des trous. Un trou, c'est, plutôt que quelque chose, rien : un manque, une absence, quelque chose qui fait défaut. Mais on peut compter les trous, c'est-à-dire qu'il en existe beaucoup. Si de nombreux trous existent, pourquoi n'en existerait-il pas un ? S'il y a plus de trous dans un morceau de gruyère que dans ce raisonnement, c'est qu'il doit y avoir au moins un trou de plus dans ce gruyère que dans mon raisonnement. Et si ce trou existe, il en est de même pour tous les autres.

L'impossible ressemble à un trou. Les impossibilités peuvent littéralement être rien, mais elles peuvent être comptées et classées sur un ahurissant éventail de genres. On serait tenté de dire que les objets impossibles se présentent sous de multiples formes et tailles : l'ennui, c'est qu'ils ne se « présentent » pas du tout.

Et pourtant, on peut non seulement imaginer l'impossible mais le découvrir. Par exemple, dans le domaine physique, il y a la loi de conservation de l'énergie (rien ne se crée, rien ne se perd) et la loi de la relativité restreinte (il est impossible d'aller plus vite que la lumière) ; Et en mathématiques, nous avons vu précédemment la démonstration de Gödel qu'une théorie arithmétique complète est impossible (voir p. 63).

Il est ainsi possible de discerner divers types d'impossibilités, et comme nous le verrons, il y a d'innombrables espèces d'objets impossibles. L'impossibilité est nécessairement multiple. On pourrait presque dire que de nombreuses formes de l'impossible sont possibles, en voici quelques-unes.

Pratiquement et intrinsèquement impossible

Il peut être utile de distinguer ce qui est pratiquement de ce qui est intrinsèquement impossible. Ce qui est pratiquement impossible aujourd'hui pourrait être une banalité demain, grâce au progrès technologique, par exemple. Les voyages dans la lune, autrefois impossibles, sont devenus réalité grâce à l'ingénuité, la détermination, beaucoup d'argent et l'esprit de compétition.

Dans ce chapitre, nous nous intéresserons aux impossibilités plus difficiles qui ne sont pas dues à des obstacles pratiques. Nous cherchons l'intrinsèquement impossible : ce qui ne peut être accompli ou réalisé d'aucune manière et ne le sera jamais.

Impossibilité simple et composée

La plupart des impossibilités sont constituées d'éléments intrinsèquement possibles qu'on ne peut pas assembler de la manière indiquée. Ainsi, une auto-contradiction est une proposition liée à sa négation. Chacune est cohérente en elle-même, mais elles s'excluent

LA QUESTION DE WITTGENSTEIN

Quelle heure est-il sur le soleil? Est-il même possible de répondre à cette question? Peut-on avoir le matin sur le soleil? Est-ce qu'il n'est pas 4 heures du matin sur le soleil une fois par jour? S'il est (effectivement) faux qu'il n'est pas encore 4 heures du matin sur le soleil, alors est-ce qu'il n'est pas 4 heures pile ou un peu plus ?

mutuellement et ne peuvent être vraies ensemble. Le célibataire marié choque car il n'est pas marié, comme tous les célibataires éventuels, tout en étant marié. Les satyres, les centaures et les sphinx sont tous des monstres impossibles composés d'éléments possibles. De cette façon, les impossibilités ressemblent à un tout composé d'éléments possibles.

Un objet intrinsèquement impossible non composé d'éléments possibles pourrait-il exister? Ou bien faut-il au moins deux possibilités à assembler incorrectement pour obtenir une impossibilité? On peut se demander si une impossibilité simple même est possible.

L'absurde et l'impossible

Il faudrait tenter de distinguer l'absurde de l'impossible. L'absurde (ou le non-sens), dans certaines régions de philosophie, s'emploie à propos de toute proposition qui ne peut être ni vraie ni fausse. L'impossible, par contraste, c'est tout ce qui est nécessairement faux. Voyez vous-même :

« La vertu est un triangle. »

« Le petit déjeuner est le premier repas à devenir président ».

Vous en conviendrez sûrement, ces affirmations ne sont pas vraies. Mais diriez-vous qu'elles sont fausses? Les qualifier de fausses, pour certains philosophes, c'est leur accorder plus de crédit qu'elles ne méritent. Ces phrases commettent des erreurs de catégorie : elles sont si aberrantes qu'elles ne peuvent même pas être fausses. Ainsi, la première phrase applique un concept d'un domaine (la géométrie) à un domaine totalement différent (l'éthique). C'est un bon exemple de proposition absurde ou non-sens (c'est-à-dire qu'on ne peut pas sensément dire qu'elle est vraie ou fausse).

On peut argumenter contre cette opinion que, si les affirmations ci-dessus étaient fausses, ce ne serait pas accidentel. En effet, si elles étaient fausses, elles seraient nécessairement fausses, et donc impossibles. En outre, ceux qui essaient de distinguer l'absurde de l'impossible se trouveront eux-mêmes embarrassés de soutenir qu'il est impossible qu'il soit vrai que la vertu est un triangle. La distinction même devient absurde et le non-sens ne se présente que comme impossibilité de faire sens.

LES TRANSGRESSIONS PAR LA TRANSITIVITÉ

Imaginez une femme d'affaires retenue professionnellement à Boston ; son foyer et sa famille à Cleveland lui manquent cruellement : « Si je n'étais pas à Boston, je serais à Cleveland » soupire-t-elle. Supposons qu'elle dit la vérité. Il est alors évident que si cette femme affirmait ceci : « Si j'étais en Alaska, je ne serais certainement pas à Boston », ce serait également vrai.

Cette juxtaposition innocente, par le biais d'un principe apparemment incontestable, aboutit à une conclusion impossible.
Le principe dit de « transitivité » a la forme d'une argumentation pertinente : si les deux prémisses sont vraies, la conclusion est nécessairement vraie aussi. Vérifiez par vous-même :

A et B sont en relation.
B et C sont en relation.
Donc, A et C sont en relation.

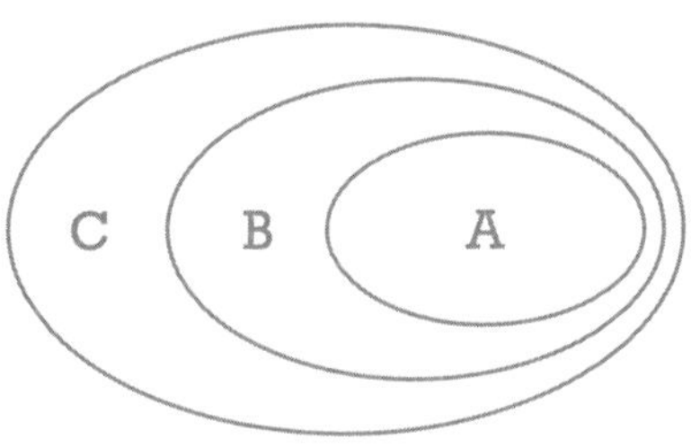

Cependant, par un processus évident de substitution, il s'ensuit que notre voyageuse solitaire peut affirmer : « Si j'étais en Alaska, je serais à Cleveland. » Comment un tel non-sens géographique se déduit-il logiquement des prémisses vraies d'une argumentation pertinente ? Le principe de transitivité serait-il faux ?

De fait, la transitivité est sauve, mais ici, elle est mal appliquée. La transitivité suppose que la proposition B (pas à Boston) a le même sens dans les deux prémisses ; or, dans cette situation, ce n'est pas le cas à cause des caprices du langage. Intuitivement, nous comprenons qu'il faut une analyse plus complexe qu'un simple forçage de phrase pour satisfaire le principe de transitivité.

De l'impossible en biologie

Vous trouverez un autre cas de transitivité détournée dans l'exemple suivant :

Commençons avec la définition, disons basique, d'une espèce dont les individus peuvent métisser. Ceci est basé sur un principe biologique, et on ne tient pas compte de facteurs secondaires tels que l'âge,les circonstances et l'attirance.)

Maintenant, imaginez un lac peuplé de poissons d'une espèce donnée. Un changement de climat catastrophique assèche le lac qui ne forme plus un tout mais cinq lacs plus petits séparés, chacun contenant environ un cinquième de la population initiale. Au fil du temps, chaque groupe distinct évolue de façon autonome, et finalement les poissons croissent si différemment que, dans certains cas, ils ne peuvent plus croiser.
Conformément à notre définition, on est au point où des espèces distinctes sont nées.
Imaginez alors qu'un biologiste arrive

et prélève un certain nombre de spécimens dans chaque lac. Il retourne à son laboratoire et place les différents dans le même aquarium. Au cours de ses expériences, il observe ceci :

Le groupe A peut croiser avec le groupe B.
Le groupe B peut croiser avec le groupe C.
Le groupe C peut croiser avec le groupe D.
Le groupe D peut croiser avec le groupe E.
Le groupe E ne peut pas croiser avec le groupe A.

Ici, nous pouvons appliquer la transitivité et dire que si le groupe A peut croiser avec le groupe B, et si le groupe B peut croiser avec le groupe C, alors le groupe A peut croiser avec le groupe C. En répétant la transitivité, on parvient à la conclusion que le groupe A peut croiser avec le groupe E ; mais ceci contredit le fait observé que le groupe E ne peut pas croiser avec le groupe A.

On peut formuler la même énigme autrement en prenant des groupes séparés non par des barrières physiques mais par le passage du temps. Les gens d'aujourd'hui devraient, en principe, pouvoir s'accoupler avec des gens du millénaire précédent, qui, eux-mêmes, devraient pouvoir s'accoupler avec des gens d'un millénaire antérieur au leur. En faisant la supposition de la transitivité on semble capable de prouver qu'il n'y a jamais eu d'autre espèce que celle dont proviennent les êtres humains.

Intuitivement, nous savons que c'est faux, mais que s'est-il passé ? Notre définition de l'espèce (basée sur le métissage) est-elle erronée ? La série de faits observés est-elle une impossibilité biologique ? Ou bien le principe de transitivité est-il stupide ?

L'exemple développé ci-dessus est-il un argument a priori contre l'évolution de l'espèce ? Oui, certainement, même s'il est très mauvais.

Au fond, cela prouve que la définition que nous avons retenue est incompatible avec la théorie de l'évolution. Bien que foncièrement séduisante, c'est une abstraction qui, au mieux, est ponctuellement vraie. Dans la réalité, les espèces ressemblent davantage à des individus (telles les branches particulières d'un arbre généalogique) qu'à des classes discrètes.

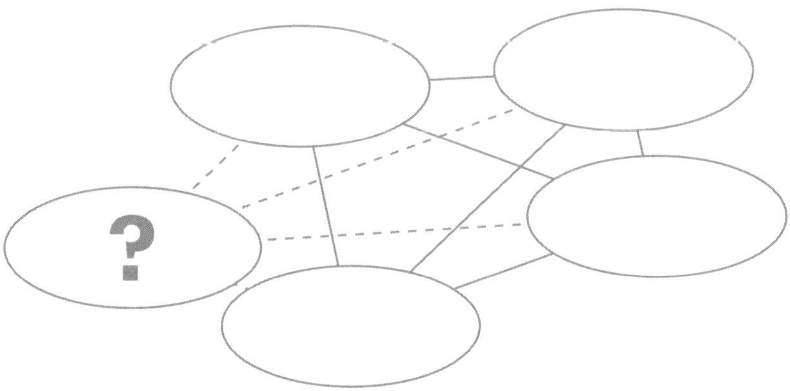

LES OBJETS IMPOSSIBLES

Il est excusable de penser que l'impossible est inconcevable. Mais il y a une différence entre ce qui ne peut pas exister et ce qu'on ne peut ni penser ni imaginer. L'impossible ne peut pas être, mais dans certains cas, il est imaginable. Notre aptitude à concevoir l'impossible est peut-être limitée, mais elle est considérablement encouragée par les descriptions d'objets impossibles. Il s'avère même qu'on peut représenter l'impossible de multiples manières, qui sont étonnantes par les révélations qu'elles apportent sur nous.

Quelques figures possibles

Le fait qu'on ne peut pas créer physiquement les constructions suivantes ne les empêche pas de former des images séduisantes. On peut décrire l'impossible, il s'avère être agréablement troublant.

L'objet impossible dessiné ci-dessous a été inventé par l'artiste suédois, Oscar Reutersvärd : c'est une variante de son tri-barre plus connu, également appelé le triangle de Penrose, du nom de Lionel et Roger Penrose qui plus tard, l'ont redécouverte de leur côté.

Chaque angle de cette figure est spatialement cohérent, mais la figure en totalité ne l'est pas. Chaque angle semble montré d'un point de vue différent. La perspective sur la figure entière n'est pas unifiée, ce qui entraîne la représentation d'un objet structuralement impossible. Un tel objet ne pourrait pas exister dans l'univers tridimensionnel que nous habitons.

L'éminent savant Richard L. Gregory a recommandé qu'une distinction soit établie entre les figures impossibles et les objets impossibles. Le triangle des Penrose, insiste-t-il, est une figure impossible, mais pas un objet impossible. Il fonde sa distinction sur le fait qu'en définitive, il existe un objet tridimensionnel qui, vu d'une perspective particulière, ressemble beaucoup au tri-barre.

C'est ce que démontre la figure ci-dessous qui de prime abord, semble être un triangle des Penrose, mais l'illusion s'effondre avec une rotation de perspective.

Des exemplaires des objets représentés ici ont été effectivement construits et exposés : art public comme pour, avec défi, affirmer l'existence de l'impossible. Souvent, l'effet d'illusion est d'autant plus persistant que cela

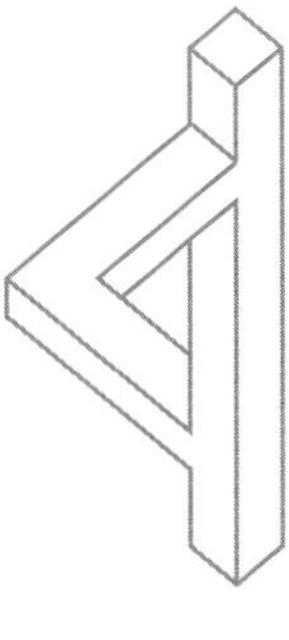

ne se réduit pas à un dessin. Quand vous regardez un tel objet d'une perspective particulière, il semble violer l'espace dans lequel il existe.

À l'inverse de Gregory, on devrait dire que le triangle des Penrose, c'est précisément une figure possible, elle n'est pas impossible : son invention le démontre clairement. La figure a été inventée, on a découvert la possibilité de la faire. Pourtant, ce qu'elle représente, c'est un objet impossible qui ne peut pas exister en trois dimensions.

L'existence d'objets tridimensionnels qui ressemblent (d'une perspective donnée) au tri-barre ne fait pas du tri-barre un objet possible. Tout au plus, des ambiguïtés jusqu'à présent inattendues ou d'autres interprétations des figures sont mises en évidence. Ce que ces objets en trois dimensions prouvent, c'est que l'illusion du triangle des Penrose ne dépend pas entièrement d'une représentation en deux dimensions, mais plutôt de la perspective.

Un tri-barre, c'est possible ?

Toute l'ingéniosité de l'illusion attestée par la sculpture du tri-barre n'en fait pas un objet possible. Le tri-barre est une figure possible, mais au bout du compte, c'est un objet impossible. Ajoutons tout de même ceci : « Tandis qu'un tri-barre ou un objet semblablement impossible ne peut pas exister dans l'espace en trois dimensions, il est possible d'en construire des maquettes animées. Pour animer ce genre de figure, il faut non seulement construire la maquette tridimensionnelle sur ordinateur, mais aussi modifier cette maquette à mesure que la figure tourne ou que le point de vue change. C'est le seul moyen de préserver l'illusion. »

La fourche du Diable

Pour Gregory, l'illustration ci-dessous, appelée blivet ou fourche du diable, est un véritable objet impossible. On devrait dire, au contraire, que c'est seulement la représentation d'un véritable objet impossible. Cachez le haut ou le bas de l'image pour rehausser l'effet.

REGARDEZ-Y À DEUX FOIS

Les stéréoscopes vous sont peut-être familiers, ce sont des appareils qui permettent de regarder les images en trois dimensions. Si les images introduites dans le stéréoscope représentent des perspectives légèrement différentes sur le même objet, les images bidimensionnelles sont fusionnées par le cerveau pour créer une expérience en trois dimensions. On estime que cette fusion est une inférence inconsciente basée sur l'information provenant des deux images rétiniennes. L'expérience visuelle en trois dimensions est une inférence.

Voici une impossibilité amusante : la tentative de faire fusionner ce qui ne peut pas fusionner. Prenez donc deux tubes de carton creux (un rouleau de papier hygiénique coupé en deux), et attachez-les ensemble comme des jumelles. Ensuite, trouvez deux images très différentes : vous en installez une à l'extrémité de chaque tube. Regardez dans vos jumelles et détendez les yeux.

Que se passe-t-il quand les images sont totalement distinctes et ne peuvent pas fusionner ? Un phénomène remarquable nommé la « rivalité binoculaire » s'établit. Au début, les deux images se bousculent : au lieu de fusionner, elles peuvent se superposer, instables, l'une effaçant l'autre partiellement pendant un court moment. Mais une image finit par prédominer, tandis que l'autre disparaît complètement. Les deux yeux sont toujours ouverts mais ne voient qu'une image. Qu'est-il arrivé à l'autre image ? Attendez encore un peu, et l'image perdue réapparaîtra pour remplacer la première qui, à présent, s'efface. Tandis que vous continuez de regarder, les images alternent lentement comme si elles rivalisaient pour capter votre attention… et c'est ce qu'elles font !

Comment cela s'explique-t-il ? De fait, chaque œil reçoit une image totalement distincte, et les deux images sont perçues ; Chaque image active également les régions associées dans le cortex visuel du cerveau ; mais l'avancée du processus varie. Puisque les deux images ne peuvent pas fusionner, elles ressemblent à des hypothèses concurrentes sur ce que vous regardez. Quand une hypothèse gagne, le processus de son image est renforcé, tandis que la présence contradictoire de l'autre image est supprimée. Mais elle persiste et fragilise l'hypothèse initiale jusqu'au moment où une inférence différente se fait. L'image perdue a maintenant sa place au soleil, et ainsi la rivalité acharnée continue.

TRAVAUX PRATIQUES

1re partie : Fabriquez un cube en fil de fer rigide, chaque angle étant relié à une tige. Dans une pièce et dans le noir, dirigez le faisceau d'une lampe électrique allumée sur un mur : l'ombre du cube métallique est projetée. Faites tourner le cube. Qu'observez-vous ?

2e partie : Passez le cube métallique à la peinture fluorescente pour qu'il brille dans le noir pendant qu'il est visible ; tenez-le dans les mains. Vous ferez une expérience d'interversion visuelle malgré la preuve tactile du contraire transmise par vos mains. Expérience bizarre !

C'est l'un ou l'autre !

Une rivalité semblable se produit avec les figures bistables. Ce sont des images ambiguës qui ont deux interprétations incompatibles. Voici l'une des plus connues : le canard-lapin. Il ne peut être canard et lapin à la fois, et vous voyez tantôt l'un tantôt l'autre ; l'image perçue ne reste pas stable.

Le cube de Necker (image à droite ci-dessous) est un exemple encore plus simple d'image bistable : le cube va et vient spontanément, il apparaît alternativement, se projetant dans de la page puis sortant de la page. L'image ne peut être simultanément interprétée des deux manières, ainsi elle alterne, signe de la rivalité entre les représentations. Pour corriger ses propres erreurs, le cerveau cherche d'autres interprétations, et dans ce cas trouve une alternative qui à son tour, finit par dominer.

Les deux images ci-dessous (à gauche) sont l'une et l'autre sont des variantes du cube de Necker : on les voit comme se projetant hors de la page ou s'y enfonçant. L'image du dessous peut se voir soit comme cube en perspective linéaire soit comme pyramide tronquée. À l'inverse, l'image de droite est une représentation d'un objet véritablement impossible, qui ne peut pas exister dans l'espace réel.

Ces illusions impliquent que les objets impossibles existent, même si nous savons que cela ne se peut pas. Aucune description structurale cohérente de ces objets n'est possible : des anomalies spatiales et des violations de l'espace sont perçues.

Quand voir, c'est ne pas croire

Même des bébés de quatre mois sont sensibles à l'incohérence des rapports dans les indices de profondeur, et aux irrégularités de structure qui rendent impossible le cube représenté ci-dessous. Cependant, chez des adultes, un certain signal du cerveau, associé à une exposition antérieure aux items d'un test de reconnaissance, a pu être observé dans le cas d'objets possibles, mais pas dans le cas d'objets impossibles de complexité comparable. On suppose que la région du cerveau produisant ce signal, est le centre de représentation de la structure globale tridimensionnelle des objets.

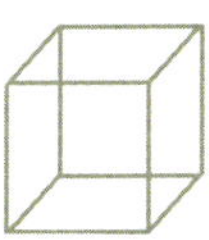

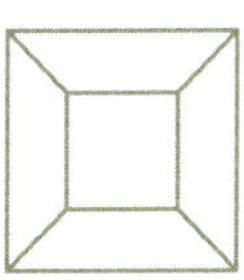

LES IMPOSSIBILITÉS DIVINES

Posons qu'un être omniscient est celui connaît toute la vérité. Et réfléchissez à ceci : « Personne ne sait que cette affirmation est vraie. » Si cette affirmation est fausse, elle ne peut pas être connue, même par un être omniscient. En même temps, s'il est faux que l'affirmation n'est pas connue, elle est nécessairement connue, donc vraie.

Tout être omniscient selon la définition ci-dessus saurait donc qu'elle est vraie, mais cela contredit l'affirmation même. Il s'ensuit qu'aucun être ne connaît toute la vérité. Soit il n'y a pas d'être omniscient, soit l'omniscience n'est pas la connaissance de toute la vérité.

Le paradoxe de la pierre

Dieu pourrait-il créer une pierre si lourde qu'il ne pourrait même pas la soulever ? Si oui, cela implique qu'il y a une chose que Dieu ne pourrait pas faire (soulever cette pierre). Si c'est non, cela implique également qu'il y a une chose que Dieu ne pourrait pas faire (créer cette pierre). Dans les deux cas, il y a une chose que Dieu ne peut pas faire. Ainsi, s'il est une chose que Dieu ne peut pas faire, sa toute-puissance présumée est apparemment menacée. La supposition de la toute-puissance de Dieu, conjointement avec l'examen de la pierre, semble produire une contradiction logique.

Alors, qu'en est-il ? L'idée de toute puissance est-elle auto-contradictoire ? Ou bien la puissance de Dieu embrasse-t-elle l'intrinsèquement impossible ?

Plusieurs approches s'offrent aux croyants pour résoudre ce paradoxe. Certains accepteraient la conclusion que Dieu ne pourrait pas créer une telle pierre, mais n'y verraient pas une véritable limite à sa puissance infinie. Par exemple, on pourrait soutenir que si Dieu créait cette pierre, il en résulterait une contradiction logique. C'est donc impossible. Dieu ne peut pas faire l'impossible mais cela ne l'amoindrit pas.

Car, si l'impossible était réalisable, ce ne serait pas vraiment impossible.

D'autres concèdent de la même façon que Dieu ne peut pas créer une pierre qu'il est incapable de soulever, mais recourent à un raisonnement très différent pour montrer que, malgré cela, il n'y a rien que Dieu ne peut pas faire. À cet égard, la toute puissance de Dieu exige seulement que : quel que soit le poids, il puisse d'une part, créer une pierre de ce poids, de l'autre, soulever une pierre de ce poids.

À ces deux conditions, Dieu peut créer ou soulever n'importe quelle pierre ; pourtant il n'y aura aucune pierre que Dieu pourrait créer mais non soulever. En conséquence, Dieu peut soulever toute pierre qu'il peut créer.

Cette belle solution s'écroule avec la notion de « poids indéfiniment grands » qui est absolument indéfendable. Dieu ne devrait pas avoir à répondre de l'incohérence physique inhérente à une masse et une pesanteur infinies. En tout cas, il y a peut-être pour le croyant une réponse plus convaincante.

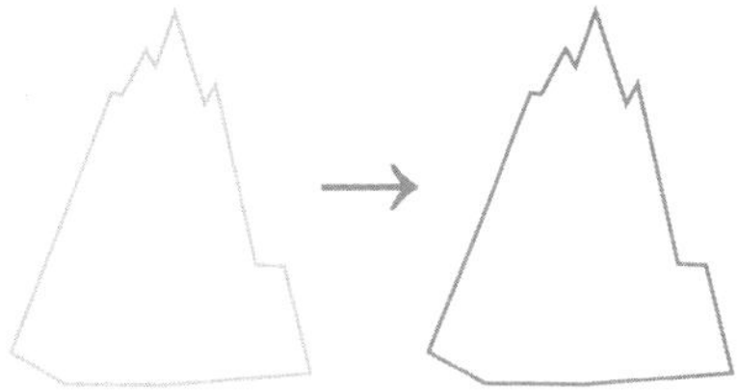

Miracle ou contradiction ?

Jésus a dit : « Je vous le dis, il est plus aisé pour un chameau de passer par le trou d'une aiguille qu'à un riche d'entrer au Royaume Dieu. » les disciples ayant entendu cela furent très étonnés et dirent : « Qui peut donc être sauvé ? » Jésus les regarda et dit : « Aux hommes cela est impossible, mais à Dieu tout est possible. » (Matt. XIX, 24-26)

Il est donc physiquement impossible de faire passer un chameau par le trou d'une aiguille. Bien sûr, cela veut seulement dire qu'il faudrait un miracle, un retournement de la loi physique pour que ça puisse arriver. Ce serait étonnant, ce n'est pas pour autant une impossibilité logique ou une contradiction dans les termes. (De fait, en géométrie pure ce pourrait même être un théorème : voir « Le petit pois et le soleil » pp. 144-145).

Mais l'auto-contradiction est peut-être le miracle le plus extraordinaire. Il se pourrait que la preuve ultime de la foi exige de vouloir croire à l'absurde.

Donc, le croyant va peut-être poser d'autres questions : « Dieu est-il limité par la possibilité logique… L'auto-contradiction logique elle-même est-elle dans les attributs de Dieu ? Si tout est possible, alors même l'impossible devrait être possible. Si rien n'est impossible, c'est prouvé, l'impossible devrait être possible.

Peut-on croire à l'incroyable ?

Étant l'auteur des lois physiques, Dieu peut librement les violer. Étant également l'auteur des lois de la logique, pourquoi ne pourrait-il pas les suspendre aussi ? C'est ce que pensait René Descartes, semble-t-il :

« Les vérités mathématiques… ont été établies de Dieu et en dépendent entièrement, aussi bien que tout le reste des créatures… On vous dira que si Dieu avait établi ces vérités, il les pourrait changer comme un roi fait ses lois ; à quoi il faut répondre que oui (…) et généralement nous pouvons bien assurer que Dieu peut faire tout ce que nous pouvons comprendre mais non pas qu'il ne peut pas faire ce que nous ne pouvons pas comprendre ; car ce serait témérité de penser que notre imagination a autant d'étendue que sa puissance. » Descartes, lettre à Mersenne, 15 avril 1630.

À un moment décisif, Jésus réprimande ses disciples que le manque de foi empêche d'accomplir des miracles : « Si vous aviez de la foi comme un grain de sénevé, vous diriez à cette montagne : Transporte-toi d'ici là, et elle se transporterait ; rien ne vous serait impossible. » Matt.17, 20-21. Ainsi, même pour les êtres humains, avec la foi, assez, rien n'est impossible. Et la preuve de la foi, c'est justement de croire à l'incroyable.

LE PETIT POIS ET LE SOLEIL

C'est incroyable ! Vous pouvez prendre une boule solide, la découper en cinq morceaux disjoints (l'un d'eux peut se réduire à un point), puis les regrouper grâce à des mouvements rigides, translations et rotations (qui n'étirent pas ou ne déforment pas les morceaux), pour construire deux sphères de la même taille que la première.

Vous pouvez, si vous préférez, découper une boule en cinq petits morceaux non superposables pour construire, grâce à ces mouvements rigides, une autre boule de la grosseur qui vous plaira. On peut découper une boule de la taille d'un petit pois et reconstituer ensuite une sphère solide de la taille du soleil.

Une idée qui va tellement contre l'intuition est-elle vraie ? Oui, bien que ce soit en géométrie théorique. On doit cette notion très bizarre, le paradoxe de Banach et Tarski, à Stefan Banach et Alfred Tarski, deux grands mathématiciens polonais qui l'ont démontrée dans les années 1920.

On classe cette idée parmi les paradoxes parce qu'elle défie l'intuition, mais ce n'est pas un véritable paradoxe. Loin d'être nécessairement fausse, elle est nécessairement vraie et se déduit de principes mathématiques généralement acceptés.

L'illusion de solidité

L'apparition d'un paradoxe est partiellement liée à des confusions répandues sur la notion de solidité. Même le grand philosophe John Locke dut surmonter des difficultés pour isoler la notion de solidité de celle de corps. Il pensait que l'espace est vide, mais que les corps dans l'espace sont solides, et donc qu'un même endroit ne peut pas être occupé par corps en même temps. Dans un passé plus récent, il est devenu populaire de tenter de résoudre l'énigme du physicien James Jeans. Il a remarqué que puisque les objets solides quotidiens tels quel que les murs et les tables sont composés d'atomes, et que les atomes eux-mêmes sont essentiellement composés d'espace vide, les objets solides de la vie quotidienne sont alors essentiellement composés d'espace vide. Ce qui peut être détruit par la thèse contraire évidente que les objets ne sont pas l'espace qu'ils occupent.

L'ironie c'est que seuls les objets mathématiques sont réellement et véritablement solides. Cependant, puisqu'ils sont théoriques, ils n'ont pas de masse. La boule mathématique est une sphère sphérique d'espace géométrique. C'est-à-dire qu'elle est composée d'un ensemble de points qui forment une région sphérique de l'espace. On considère que l'espace géométrique est composé de points identifiables par leurs coordonnées en nombres réels (qui donnent les coordonnées de points dans l'espace). Une boule est donc un ensemble infini de points, et les morceaux de boule sont des sous-ensembles de cet ensemble de points.

Les sous-ensembles requis sont des ensembles discrets (autrement dit non superposables) qui, ensemble forment la sphère initiale. Ces sous-ensembles sont insolites, non comparables aux morceaux obtenus en tranchant un vrai petit pois, un vrai ballon de baseball ou un vrai soleil. Ce ne absolument pas des sections de masse puisque notre boule mathématique n'a pas de masse.

En tant que fragments de points, certains de ces sous-ensembles n'ont même pas de volume, c'est pourquoi on peut les arranger et les grouper une nouvelle fois pour former un solide d'un volume différent. Techniquement, les sous-ensembles de la boule utilisée pour la dissection Banach-Tarski ne sont pas mesurables.

Peut-on le prouver? Il est impossible ici de développer la démonstration dont voici les grandes lignes. Banach et Tarski ont d'abord prouvé leur théorème en généralisant un résultat analogue de Félix Hausdorff, un mathématicien juif allemand qui s'est suicidé en 1942 sous le nazisme. Le théorème d'Hausdorff affirmait qu'une sphère (c'est-à-dire la surface d'une boule mathématique) est équi-décomposable en deux copies d'elle-même, autrement dit la sphère vide peut être découpée et recomposée pour en faire deux. Banach et Tarski ont appliqué cette découverte à une boule solide, et non pas seulement à la surface, en imaginant cette dernière composée de sphères emboîtées (comme les différentes épaisseurs de l'oignon). Cet aperçu n'explique pas le dédoublement de la sphère, mais permet du moins de comprendre le cheminement.

Véritable démence lexicale

On peut tout de même cerner la notion de dédoublement en envisageant un dictionnaire spécial équi-décomposable en deux copies de lui-même. Imaginez un dictionnaire qui n'est qu'une liste de tous les mots possibles de longueur finies écrits avec deux lettres, disons A et B. Chaque série finie de A et de B est un mot dans cette langue, et ils peuvent être classés par ordre alphabétique. Tous les mots sont finis, mais le nombre de mots possibles est infini. Il y a beaucoup de mots. Suite à la publication du premier volume, le dictionnaire est sorti en deux volumes : l'un contenant tous les mots commençant par A, et l'autre les mots commençant par B. Comme tous les mots de chaque volume commencent par la même lettre, on a jugé inutile de les répéter. Ainsi, tous les A initiaux du premier volume et tous les B du deuxième volume sont exclus de la deuxième édition.

Le résultat paradoxal est que les deux volumes sont identiques à présent, toutes les entrées donnent la même chose, et elles sont aussi identiques à l'édition originale en un volume, sauf que dans ce cas, il s'agit de rotations dans l'atmosphère.

Et le chameau passe par le chas de l'aiguille

Si une boule de la taille d'un petit pois peut être sectionnée en parties discrètes que l'on peut regrouper pour former une boule de la taille d'un soleil, il ne semble guère miraculeux de voir une région de l'espace de la taille d'un chameau disséquée en parties, qui seront recomposées en un chameau suffisamment petit pour passer par le trou d'une aiguille. Un miracle implique la violation d'une loi physique, mais le théorème Banach-Tarski est une sorte de loi mathématique. Ce n'est pas l'exception à la nécessité, mais son expression.

Exercice 7

Les impossibilités

PROBLÈME

Supposons qu'un millionnaire animé d'une passion altruiste pour les paradoxes vous fasse la proposition suivante :

Vous êtes censé recevoir un million d'euros pour concevoir une intention appropriée à minuit ce soir, intention de commettre un certain acte à midi demain. On ne vous demande pas de réaliser cet acte, seulement d'avoir l'intention, à minuit ce soir, de commettre cet acte le lendemain midi. Une technologie de détection cérébrale infaillible révélera à minuit si vous avez vraiment ou pas l'intention d'agir à midi le lendemain.

L'acte que vous êtes censé accomplir est l'ingestion d'une certaine toxine qui vous rendra très malade pendant vingt-quatre heures, maladie dont vous vous rétablirez complètement, sans aucune séquelle.

Montrez qu'il est impossible de former une telle intention.

MÉTHODE

On dirait qu'il n'y a rien de plus facile à faire que de former une intention, surtout quand les conséquences en sont si légères. Personne n'ingérerait cette toxine, si ce n'est pour 1 million d'euros. Mais il est clairement préférable de gagner 1 million plutôt que de s'éviter les désagréments liés à la toxine. Ainsi, avoir l'intention d'agir est à la fois facile et préférable, et quand vous ajoutez à cela que les conséquences de cet acte ne seront même pas pénalisantes, même la plus prudente des personnes choisirait de former l'intention de prendre la toxine pour, plus tard, s'en abstenir. Cela reste honnête, puisque l'accomplissement de l'acte n'est pas requis pour obtenir le million d'euros, mais seulement son intention.

Cela pose pourtant un problème. Avoir l'intention à minuit de prendre le poison le lendemain midi implique que vous n'ayez pas l'intention de vous en abstenir. On ne peut pas avoir l'intention de faire ce qu'on a également l'intention de ne pas faire. Bien sûr, vous pourriez prétendre avoir l'intention et dire seulement que vous allez prendre la toxine plus tard. Mais ce mensonge ne trompera pas le détecteur cérébral.

Ainsi, vous ne pouvez honnêtement avoir l'intention de faire ce que vous savez que vous ne ferez pas plus tard. Dans cette optique, l'argent de l'improbable millionnaire est en sécurité.

Plusieurs ruses peuvent être tentées pour obtenir cet argent. Par exemple, on peut ignorer le fait probable qu'on ne prendra pas la toxine si cela n'est plus nécessaire, et se concentrer plutôt sur la résolution d'avaler le poison. Penser à l'argent, et pas à la maladie. C'est une forme d'autoduperie : se donner l'illusion que quelque chose n'est pas vrai, quand vous savez très bien que ça l'est. Mais on ne peut pas se mentir à soi-même beaucoup mieux qu'aux autres. Il ne suffit pas de s'autopersuader que vous avez une intention que vous n'avez pas. Vous devez de fait avoir cette intention et ne pas être dupé par vous-même ou qui que ce soit d'autre.

En l'occurrence, il existe un autre paradoxe lié à l'auto-aveuglement. Comment peut-on se tromper soi-même, puisqu'on est soi-même à l'origine de n'importe quel plan qu'on fomente ? Pour tromper les autres, il suffit qu'ils ne sachent pas qu'ils sont trompés. Pour se tromper soi-même, il est impossible de ne pas savoir qu'on se trompe (puisque les ruses que vous utilisez sont après tout les vôtres, et donc connues de vous).

Peut-être pourriez-vous vous persuader d'avoir l'intention de prendre la toxine en prenant des dispositions qui vous obligeront à le faire le moment venu. Par exemple, vous pourriez signer un contrat selon lequel vous devriez payer 10 millions d'euros si vous ne buviez pas la toxine. Cela vous donne une bonne raison d'ingérer le poison comme convenu, même l'offre en elle-même ne suppose pas strictement que vous le fassiez (mais seulement l'intention à minuit de le faire le lendemain midi). Toutefois, l'offre du millionnaire exige que votre intention ne soit basée que sur son offre ; toute autre clause incitative est exclue.

SOLUTION

L'inventeur de ce paradoxe est Gregory Kavka. Il a été conduit à conclure qu'on ne peut pas avoir l'intention de ce que l'on veut, et que les intentions ne sont qu'en parties volontaires et qu'elles sont contraintes par les raisons de l'action.

Les intentions, bien qu'elles semblent être des pensées subjectives et privées, ne sont pas juste des décisions prises en subjectivité, mais sont elles-mêmes des aspects des actions extérieures. Votre intention est une forme de votre acte qui prend place pas seulement dans votre esprit, mais dans l'espace social et extérieur.

Chapitre

8

La décision et l'action

Bien des paradoxes de ce livre reposent une théorie, une fiction ou un fait mathématique extraordinaires. Il est peu probable, dans la vie de tous les jours, qu'on se cogne dans un objet impossible. Mais il existe une multitude de paradoxes qui entravent notre liberté de décider et d'agir. Certains ont ouvert un nouveau champ d'investigation, comme la théorie des jeux. Nous verrons dans ce chapitre les problèmes pratiques qui suscitent la motivation, la préférence, la connaissance, la négociation, le bonheur ainsi que les valeurs morales et la responsabilité.

L'ÂNE DE BURIDAN

On attribue ce paradoxe au savant et philosophe Jean Buridan (1295-1356), mais il a plus vraisemblablement été inventé par l'un de ses adversaires qui voulait ridiculiser ses idées.

Déterminisme et fatalisme

Deux définitions préalables s'imposent avant l'examen du paradoxe lui-même :

- Le déterminisme : selon cette conception philosophique, tout événement est déterminé par une chaîne ininterrompue de causes antérieures.

- Le fatalisme : c'est l'idée que puisque tous les événements sont déterminés, les humains ne peuvent pas agir sur l'avenir.

L'âne de Buridan

Un âne affamé se trouve à mi-chemin entre deux balles de foin de même taille et également appétissantes. L'animal n'a pas de raison de préférer l'une à l'autre : il est donc incapable de choisir et finalement meurt de faim.

A priori, cela ne semble guère paradoxal : juste une histoire fantaisiste pour illustrer la difficulté de choisir entre deux options également attrayantes. Mais le paradoxe apparaît plus clairement si nous considérons le sort de l'âne à la lumière des vues de Buridan sur le libre arbitre.

Buridan prônait une forme de déterminisme moral par lequel les humains, confrontés à des choix contradictoires, doivent toujours choisir le plus grand bien. Il soutenait que la volonté est incapable d'agir indépendamment de l'intellect. Elle doit plutôt incliner pour l'alternative que l'intellect juge la plus désirable.

Ce qui signifie que si l'intellect juge que deux alternatives sont également désirables, il n'y a pas moyen de choisir entre elles. Il n'existe pas une faculté indépendante de la volonté capable de choisir spontanément ou au hasard.

Un défi au fatalisme

Imaginez que vous avez faim et vous trouvez à mi-chemin entre des assiettes de nourriture également appétissantes. Si tous vos choix et actions sont causalement déterminés, et si rien dans votre histoire causale ne vous incline vers l'une ou l'autre des deux assiettes de nourriture, comment ferez-vous pour choisir ? Le fatalisme postule que vous en seriez incapable.

Pourtant, vous choisiriez sûrement, non ?

LE PONT DE BURIDAN

Buridan n'est peut-être pas l'auteur du paradoxe de l'âne, mais il est bien l'auteur de celui-ci.

Socrate veut franchir une rivière en empruntant un pont. Platon, le gardien du pont lui dit: «Si ce que tu vas dire est vrai, je te laisse passer, si ce que tu vas dire est faux, je te jette à l'eau.» Après quelques instants de réflexion, Socrate répond malicieusement: «Tu vas me jeter dans l'eau!»

Platon peut-il tenir sa promesse ?

SOLUTION

Non. Si Platon jette Socrate dans l'eau, Socrate a dit la vérité et n'aurait pas dû être autorisé à traverser. Mais si Platon autorise Socrate à traverser, Socrate a menti et il aurait dû être jeté dans l'eau.

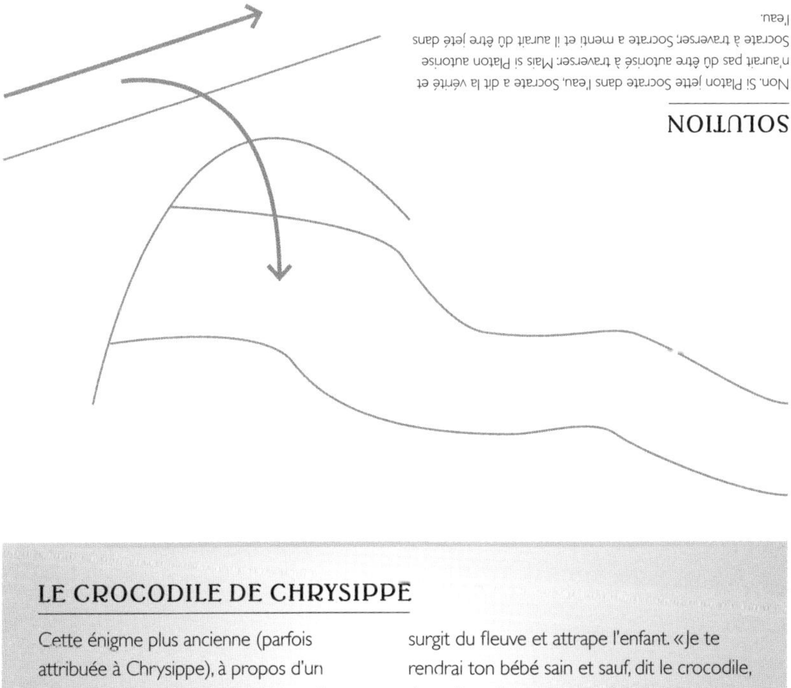

LE CROCODILE DE CHRYSIPPE

Cette énigme plus ancienne (parfois attribuée à Chrysippe), à propos d'un crocodile, a peut-être inspiré le paradoxe précédent.

Une femme se promène le long d'un fleuve, son bébé dans les bras. Un crocodile surgit du fleuve et attrape l'enfant. «Je te rendrai ton bébé sain et sauf, dit le crocodile, si tu réponds correctement à cette question: «Que vais-je faire de ton enfant?»

Que doit répondre la mère ?

SOLUTION

Elle doit répondre: « Tu vas le manger. » Ainsi, s'il a prévu de le manger, il devra le lui rendre.

LA CONNAISSANCE DIVINE ET LE LIBRE ARBITRE

Dans son essai sur «l'art de la conjecture rationnelle», Bertrand Russell propose un résumé malicieux et sarcastique du récit biblique de la Chute: «Dieu interdit (à Adam et Eve) de manger du fruit d'un certain arbre, et quand ils désobéirent Il entra dans une grande colère, alors qu'Il avait toujours su qu'ils Lui désobéiraient.» Russell a raison. Il est plutôt bizarre que le Tout-Puissant mette les hommes à l'épreuve en sachant qu'ils échoueront, et qu'ensuite Il s'en offusque.

Connaissance de l'avenir *vs* libre arbitre

Mais il y a un problème plus grave. Si Dieu savait, infailliblement, qu'Adam et Eve mangeraient du fruit défendu, comment pouvaient-ils ne pas le faire? Résister à la tentation eut aboli l'infaillibilité de la connaissance divine.

Plus généralement, si Dieu peut prédire toute action humaine, il n'y a pas de libre arbitre. Pourquoi? Parce que si Dieu connaît l'avenir, l'avenir est déterminé; si l'avenir est déterminé, personne ne peut le décider; et si personne ne peut rien décider, le libre arbitre est illusoire.

Réciproquement, si nous, humains disposons du libre arbitre, comment Dieu peut-il prévoir nos actions futures? Il ne peut pas les prédire selon les lois du déterminisme, car alors notre volonté ne serait pas libre. Mais comment peut-il les prédire? Comment quiconque, et Dieu lui-même, peut-il réellement prédire des choix spontanés?

Apparemment, soit Dieu connaît l'avenir, et le libre arbitre n'existe pas; soit le libre arbitre existe, et Dieu ne connaît pas l'avenir. Ceux qui soutiennent, à la fois, que Dieu connaît l'avenir et que l'homme possède le libre arbitre, sont confrontés à un dilemme. Ils devront soit renoncer à l'une de leurs convictions préférées soit trouver la solution du paradoxe.

Saint Augustin et Cicéron

Le philosophe et évêque chrétien saint Augustin d'Hippone (354-430 av. J.-C.) se débat avec ce problème dans le livre V de «La cité de Dieu». Pour lui, ce que devaient penser les hommes et les femmes chrétiens sur la question de la connaissance divine de l'avenir et du libre arbitre, était parfaitement clair: «l'esprit religieux choisit, confesse et soutient les deux à la fois par la foi de la piété.» Évidemment, il était conscient que maintenir les deux doctrines entraînait des difficultés. Le philosophe et homme d'État, Cicéron (106-43 av. J.-C.) les avait clairement énoncées.

Cicéron raisonne ainsi: si Dieu connaît d'avance tout ce qui est à venir, il existe un certain ordre des choses dont Dieu a la connaissance anticipée. Et si cet ordre des choses existe, il y a nécessairement un certain ordre de causes qui les ont provoquées. Mais si tout arrive selon un certain ordre de causes, il s'ensuit que tout arrive inévitablement. Par conséquent, « nous ne pouvons rien, et le libre arbitre n'existe pas. »

La réponse de saint Augustin est très intéressante. Il accepte l'idée d'un certain ordre de causes menant inévitablement à un avenir prévisible. Mais il nie que cela menace la libre volonté de l'homme puisque « nos volontés elles-mêmes sont incluses dans cet ordre de causes. »

Il dit ceci : chaque fois que vous faites un choix, il est déterminé d'une part, par des circonstances extérieures et d'autre part, par les opérations internes de votre volonté. Mais Dieu a la parfaite connaissance de ces facteurs, Il peut ainsi infailliblement prédire vos actions.

Ce qui n'annule pas votre liberté d'action, puisque vous exercez votre volonté. Seulement, Dieu sait, d'avance, comment précisément vous l'exercerez.

Ainsi, selon saint Augustin, la connaissance divine et le libre arbitre sont parfaitement compatibles. L'un n'exclut pas l'autre.

MATIÈRE À RÉFLEXION

Saint Augustin et Cicéron supposent tous deux que la connaissance divine de l'avenir requiert de Dieu qu'il prédise les actions et événements à venir. Or certains prétendent que Dieu n'a pas besoin de prédire l'avenir, Il le perçoit naturellement. Comment? parce qu'Il existe hors du temps. Le passé, le présent et le futur ne sont qu'un pour Lui, et Il voit tout.

- Cette interprétation de la connaissance divine de l'avenir divine est-elle plus facilement conciliable avec la notion de liberté de l'homme?
- Lisez les pp. 126-127 sur le bloc du temps pour voir comment la science moderne défend l'idée que le passé, le présent et l'avenir sont également réels. Ces considérations permettent-elles de mieux appréhender l'idée que Dieu perçoit l'avenir sans avoir à le prédire ?

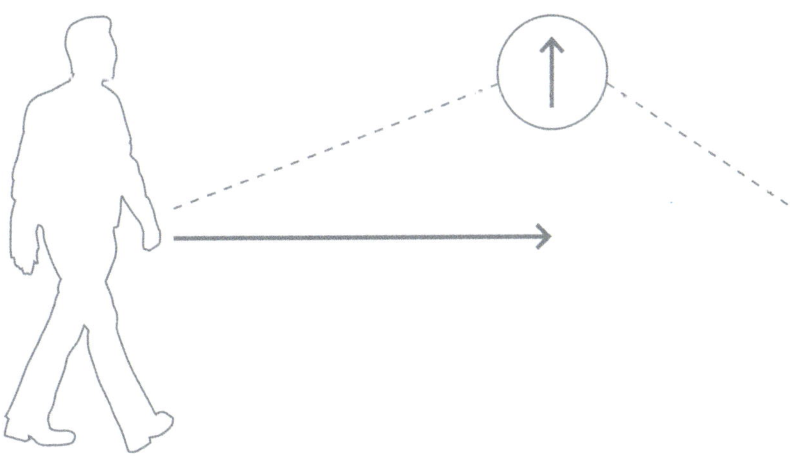

LE DEVIN

C'est le physicien américain William A. Newcomb qui, en 1960, inventa cette superbe énigme fascinante et frustrante. Plus tard, le philosophe Robert Nozick l'a vulgarisée ; on l'appelle généralement « le paradoxe de Newcomb ».

Une ou deux boîtes ?

On vous apporte deux boîtes A et B : vous ne voyez pas ce qu'il y a à l'intérieur, mais de source sûre, vous apprenez que la boîte A contient 1 000 $, et que la boîte B contient soit 1 000 000 $ soit rien.

Vous avez le choix : vous pouvez soit ouvrir les deux boîtes et garder le contenu, soit ouvrir uniquement la boîte B et garder le contenu. En l'état, la décision tombe sous le sens. Mais au moment où vous allez ouvrir les deux boîtes, on vous donne des renseignements supplémentaires.

Le Devin

Les boîtes ont été remplies, il y a quelque temps, par une entité qu'on appelle « le Devin ».

Il importe peu de savoir quel genre d'entité est le Devin. Vous pouvez imaginer que c'est un dieu, un puissant ordinateur qui scanne le cerveau, un médium talentueux, ou toute autre chose qui vous plaît. L'essentiel, c'est qu'il, ou elle, peut faire des prédictions extrêmement exactes (très proches de la certitude) sur vos décisions.

Quand le Devin a rempli les boîtes, il l'a fait selon les règles suivantes : S'il prévoyait que vous n'ouvririez que la boîte B, il y mettait 1 000 000 $; s'il prévoyait que vous ouvririez les deux boîtes, il ne mettait rien dans la boîte B. Dans les deux cas, il mettait 1 000 $ dans la boîte A.

Ouvrirez-vous les deux boîtes ou uniquement la boîte B ? Vous devez vous décider avant de lire la suite.

Une ou deux boîtes

Quand Robert Nozick posa ce problème à ses amis, collègues et étudiants, il s'aperçut que presque tout le monde pensait que la démarche correcte était parfaitement évidente. « Le problème, c'est que, disait Nozick, les gens semblent se partager presque également sur la question, la majorité d'entre eux traitant leurs adversaires de purs idiots. » Apparemment, le monde se divise en deux sortes de gens différents : les partisans de l'ouverture d'une seule boîte et les partisans de l'ouverture des deux boîtes ». Examinons les arguments des camps adverses.

L'argumentation en faveur de l'ouverture d'une seule boîte est la suivante : « Si vous ouvrez les deux boîtes, le Devin aura presque certainement prévu votre choix et n'aura rien mis dans la boîte B : vous n'aurez que 1 000 $. Si vous n'ouvrez que la boîte B, le Devin aura presque certainement anticipé votre choix et y aura placé 1 000 000 $: Il vaut donc mieux n'ouvrir que la boîte B.

Cependant, l'argumentation en faveur de l'ouverture des deux boîtes est également cohérente : le Devin a déjà rempli les deux boîtes, et ce que vous allez faire ne changera rien à leur contenu. Il n'y a que deux éventualités : le Devin a ou n'a pas mis 1 000 000 $ dans la boîte B.

S'il a rempli la boîte B, vous devriez ouvrir les deux boîtes. Cela vous rapporte les 1 000 $ de la boîte A en plus des 1 000 000 $ de la boîte B. S'il n'a pas rempli la boîte B, vous devriez quand même ouvrir les deux boîtes, car 1 000 $ valent beaucoup mieux que rien. En tout cas, vous devriez ouvrir les deux boîtes.

Le paradoxe

C'est un exemple de paradoxe.
Un raisonnement clair et simple démontre que vous ne devriez ouvrir que la boîte B. Mais un raisonnement tout aussi rationnel démontre que vous devriez ouvrir les deux boîtes.

Il n'y a pas de réponse simple au paradoxe de Newcomb. En effet, il n'y a pas de solution généralement acceptée, simple ou non.
Il ne suffit pas, bien sûr, que les partisans de l'ouverture d'une seule boîte et les partisans de l'ouverture des deux boîtes prouvent la validité de leur raisonnement. Ils doivent également dépister la faille du raisonnement de leur adversaire. Ce n'est pas chose facile.

RELEVEZ LE DÉFI

Que vous soyez pour l'ouverture d'une seule boîte ou des deux boîtes, pouvez-vous déceler la faiblesse du raisonnement adverse?

À votre tour…

Le paradoxe de Newcomb est l'une des quelques questions philosophiques pouvant susciter l'intérêt de vos amis peu enclins à la philosophie. Faites-en un sujet de conversation la prochaine fois que vous irez prendre un verre avec eux, voyez lesquels d'entre eux n'ouvriraient qu'une boîte, lesquels ouvriraient les deux.

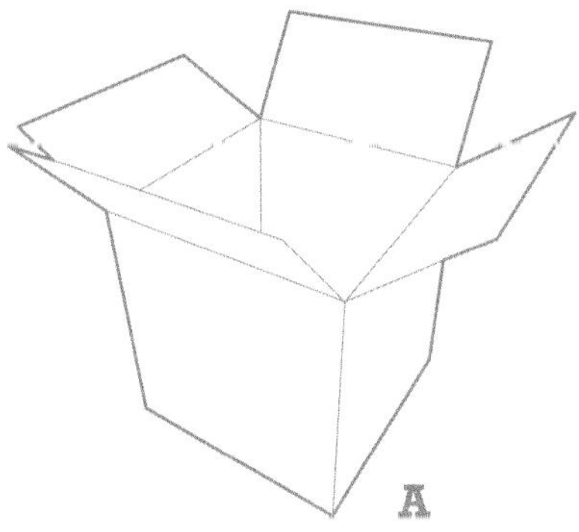

A

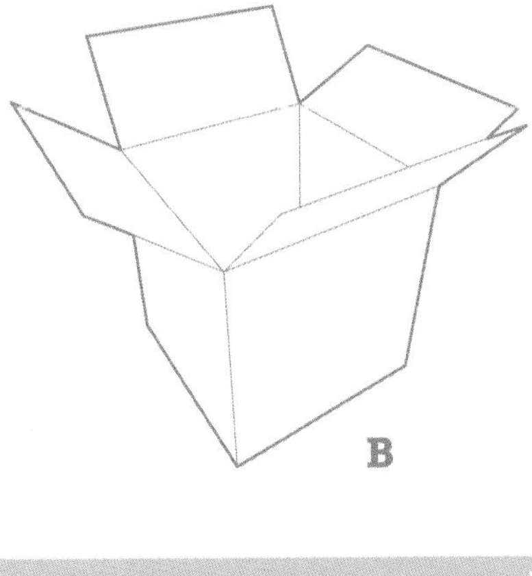

B

LE DILEMME DU PRISONNIER 1RE PARTIE

Le dilemme du prisonnier est une énigme classique de la théorie des jeux : une branche des mathématiques qui s'intéresse à la maximalisation des gains dans des situations où le succès des choix d'un individu dépend des choix faits par les autres.

Le dilemme

Imaginez qu'on nous a arrêtés, vous et moi pour crime, et qu'on nous interroge dans des cellules séparées. Les autorités nous disent que la peine de prison que nous ferons variera selon que chacun de nous avouera ou non notre crime. On nous expose les quatre alternatives :

- Si vous avouez, mais que je nie : vous serez libéré tandis que j'aurai une peine de 5 ans de prison.
- Si j'avoue, mais que vous niez : je serai libéré tandis que vous aurez une peine de 5 ans de prison.
- Si nous avouons tous les deux, nous aurons chacun une peine de 2 ans de prison.
- Si ni aucun de nous deux n'avoue, notre crime ne pourra pas être prouvé. Dans ce cas, nous serons tous deux condamnés à 6 mois pour une inculpation moindre.

Chacun de nous doit décider sans connaître la décision de l'autre.

À présent, supposons que mon sort vous est indifférent et que vous voulez seulement minimiser votre condamnation. Quelle est la meilleure ligne de conduite ? Décidez avant de lire la suite.

Le choix rationnel

Le choix rationnel est d'avouer. Pourquoi ? Parce que pour vous, c'est la meilleure solution, quoi que je fasse.

Si j'avoue, en avouant, vous êtes sûr d'avoir une peine de deux ans de prison au lieu des cinq ans que vous auriez dans le cas contraire. Si je n'avoue pas, en avouant, vous vous assurez une libération immédiate. Dans les deux cas, vous devriez avouer.

Minute ! c'est à voir ! Avouer est peut-être le choix rationnel, mais il y a un grave inconvénient.

Voyez-vous ce que c'est ?

L'inconvénient, c'est que ce qui est rationnel pour vous est rationnel pour moi : moi aussi, je vais avouer ; nous purgerons tous deux une peine de deux ans de prison.
Si nous avions coopéré, en refusant d'avouer, chacun de nous aurait eu une peine de six mois : Résultat bien plus favorable pour tous les deux.

Alors, le paradoxe est que le choix le plus rationnel nous mène tous deux, très vraisemblablement, à un résultat sous-optimal. Mais le choix rationnel devient-il choix irrationnel ? Nous voyons tous les deux qu'avec la décision d'avouer nous écoperons de deux ans de prison. Ne serait-il pas plus rationnel de ne rien dire ?

Malheureusement non. Parce que si je pense que vous suivrez ce raisonnement et ne direz rien, la meilleure tactique pour moi sera d'avouer : cela m'assurera d'une libération immédiate.

Il n'y a pas de solution, le choix rationnel, c'est d'avouer : même si nous ne nous en tirons pas dans les meilleures conditions.

Le monde réel

La leçon à tirer du dilemme du prisonnier, c'est que, quand des individus font des choix rationnels fondés uniquement sur l'intérêt, finalement, ils risquent de s'en tirer moins bien que s'ils avaient coopéré.

Cette leçon trouve de nombreuses applications dans le monde réel. Dans son livre « How are we to live ? », le philosophe australien, Peter Singer prend l'exemple de la circulation aux heures de pointe.

Les banlieusards connaissent bien les problèmes d'embouteillages sur les routes. Alors, si vous êtes banlieusard, vous avez peut-être intérêt à prendre votre voiture pour aller au travail. C'est plus rapide que l'autobus : les autobus ne vont pas à domicile, et se trouvent pris dans les embouteillages des heures de pointe, comme les voitures.

Par ailleurs, ce serait certainement beaucoup mieux si tout le monde prenait collectivement la décision de prendre l'autobus. Les autobus passeraient plus souvent (car l'augmentation du nombre de voyageurs permettrait la mise en service d'autobus supplémentaires), et les autobus circuleraient aisément et rapidement sur des routes moins encombrées.

Le choix rationnel et égoïste crée une situation moins favorable pour tous que s'il y avait eu coopération.

EXEMPLES DE LA VIE RÉELLE

Dans l'exemple ci-dessus, si tous les autres prenaient collectivement la décision de prendre l'autobus, n'auriez-vous pas intérêt à continuer à prendre votre voiture ? Vous profiteriez des avantages de routes plus calmes sans devoir attendre à l'arrêt d'autobus.

Pensez à d'autres de la vie réelle sur lesquelles le dilemme du prisonnier pourrait ouvrir de nouvelles perspectives. Par exemple, les quotas de pêche, la réduction de l'empreinte carbone, etc.

LE DILEMME DU PRISONNIER 2E PARTIE

Il y a quelque chose de plutôt sinistre et déprimant dans le dilemme du prisonnier, expliqué dans les pages précédentes. Ce n'est qu'une illustration saisissante du fait qu'avec des choix rationnels égoïstes, tout le monde s'en tire moins bien.

Prenez, par exemple, deux nations ennemies engagées dans une course aux armements : l'une et l'autre sont engagées dans des dépenses de défense qui deviennent paralysantes. Les bénéfices éventuels d'une coopération et de la réduction des dépenses d'armement sont évidents. Mais il est également évident que si l'une des nations réduit unilatéralement son budget de défense, elle se trouvera à la merci de l'autre. Par conséquent, l'égoïsme rationnel perpétue la course aux armements, et tout le monde y perd.

Ne peut-on rien dire pour la défense de l'égoïsme rationnel ? Doit-il inévitablement aboutir à la non-coopération et à des situations perdant-perdant ?

Heureusement non. Dans certaines situations, l'égoïsme rationnel aboutit à la coopération, et tout le monde y gagne. De plus, cela pourrait même résoudre le dilemme du prisonnier.

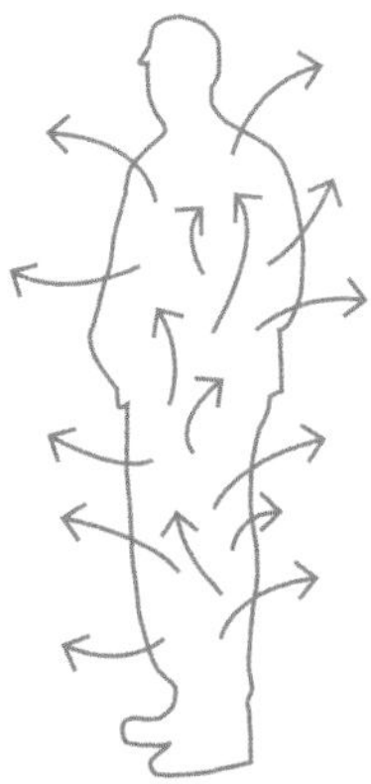

Le dilemme du prisonnier itéré

Si le dilemme du prisonnier était un jeu dans lequel le gagnant est le joueur qui s'en tire avec la peine de prison la plus courte, la seule stratégie raisonnable serait d'avouer. C'est toujours la meilleure option, quelle que soit la décision de l'adversaire. On ne perdrait jamais en adoptant cette stratégie.

Mais que se passerait-il si les deux joueurs répétaient le jeu et additionnaient leurs temps de prison respectifs ? Ou, encore mieux, si on organisait un tournoi toutes-rondes de ce jeu (joué de nombreuses fois), où le score global le plus bas gagne ?

Ce serait un jeu bien plus palpitant. Au lieu de toujours avouer, on pourrait tenter des stratégies plus subtiles et plus sophistiquées. En définitive, pour améliorer son score global de tournoi, il pourrait, quelquefois, être avantageux de coopérer avec l'adversaire (en n'avouant pas).

De fait, vous pouvez essayer ces diverses stratégies en ligne : tapez simplement « simulation du dilemme du prisonnier itéré ». Selon le moteur de recherche, vous aurez le choix parmi un certain nombre de stratégies, vous pourrez même créer la vôtre.

Essayez ! Vous verrez comment ça marche.

Donnant-donnant

En 1979, le théoricien de psychologie sociale Robert Axelrod organisa un tournoi de ce genre. Il demanda à des spécialistes de la prise de décision et de la théorie des jeux de proposer des stratégies informatiques ; il les a programmées et laissées se taper dessus (ou coopérer).

Qua torze stratégies furent proposées. Les unes très simples, les autres extrêmement complexes. Les unes étaient des stratégies « bienveillantes » basées sur la coopération, les autres étaient des stratégies « malveillantes » inclinant à la trahison.

Le grand gagnant fut la stratégie la plus simple. Nommée « donnant-donnant », elle ne comportait que deux règles :

- À la première rencontre avec un joueur, toujours coopérer.

- Aux rencontres suivantes avec le même joueur, rendre la pareille.

Donnant-donnant est une stratégie « bienveillante » : elle commence par coopérer, et continuera si elle y est encouragée. Mais donnant-donnant n'est pas paillasson : la provocation entraîne une punition. Notons, cependant, que le pardon est toujours possible, et que la coopération reprendra si les actions de l'autre joueur le méritent.

En définitive, la morale du dilemme du prisonnier est peut-être moins sinistre et déprimante qu'on ne pensait. Certes, le jeu joué une fois requiert que nous adoptions la stratégie égoïste : tout le monde y perd. Mais le dilemme du prisonnier itéré démontre que le choix rationnel égoïste est peut-être la coopération, du moins avec ceux qui le méritent.

Un petit service…

Il saute aux yeux que la stratégie donnant-donnant pourrait avoir des applications utiles en situation réelle. Décider de coopérer ou non, nous le faisons : ce n'est pas exceptionnel, mais se répète fréquemment. Dans de tels cas, on a souvent avantage à coopérer avec les autres, mais à condition qu'eux-mêmes décident de coopérer.

Imaginez, par exemple, que votre voiture tombe en panne et que vous avez besoin d'aide pour la pousser jusqu'au garage le plus proche. Hormis toute tendance philanthropique, j'ai probablement intérêt à vous aider. Au fond, il m'arrivera probablement d'avoir besoin de votre aide. À ce moment-là, si vous m'aidez, nous nous trouverons pris dans un cycle vertueux de coopération mutuelle. Mais si vous refusez de m'aider, eh bien… ne me demandez plus rien, c'est tout !

Matière à réflexion

Jésus a dit : « Si quelqu'un te frappe sur la joue droite, tends-lui encore l'autre… Donne à qui te demande, et ne te détourne pas de qui veut te faire un emprunt. » (Matt. 5, 38-42)

Dans le dilemme du prisonnier itéré, cela équivaudrait à une stratégie « toujours coopérer », qui est bien moins efficace que la stratégie donnant-donnant.

Mais dans la vie ? Est-ce que tendre l'autre joue est une stratégie défendable dans nos rapports avec les autres ?

Profile

ÉPICURE

Épicure (342-270 av. J. C. est né sur l'île de Samos dans la mer Égée, mais il passa presque toute sa vie à Athènes ou aux environs. A cette époque-là, la vie à Athènes était affligeante. La démocratie, autrefois triomphante, commençait à sombrer dans le despotisme et l'agitation civile: de nombreux Athéniens cédèrent simplement au scepticisme et au désespoir. Mais Épicure ne se découragea pas: il se consacra résolument à la recherche d'un mode de vie dans lequel le bonheur serait possible en dépit des circonstances déplorables.

La poursuite du plaisir

Pour Épicure, le but de la vie est d'atteindre le bonheur en recherchant le plaisir, et en évitant la souffrance (doctrine philosophique de l'hédonisme, voir pp. 162-163). À première vue, il semble appeler à l'intempérance: c'est précisément l'interprétation qu'en ont faite de nombreux contemporains d'Épicure. Ils l'accusèrent, lui et ses disciples, de mener une vie de gloutonnerie, d'ivrognerie et de dépravation sexuelle.

Mais leurs accusations n'avaient guère de fondements. Assurément, Épicure recommandait la poursuite du plaisir. Mais il reconnaissait que certains plaisirs mènent à la douleur et sont à éviter.

Des excès de table sont peut-être agréables à court terme, mais ils entraînent les maux d'estomacs et la maladie. S'enivrer est peut-être drôle, mais la gueule de bois du lendemain ne l'est pas. La richesse et la puissance sont très appréciables, mais ne méritent pas l'inquiétude et l'angoisse qui les accompagnent.

Épicure recommandait des plaisirs simples et durables: une nourriture saine, la compagnie d'amis, et un mode de vie simple et sans soucis. L'intempérance n'était certainement pas au programme.

« Je méprise les plaisirs de concupiscence, disait Épicure, non pour eux-mêmes mais pour les maux qu'ils apportent avec eux.»

Cette philosophie était tellement convaincante qu'Épicure fut bientôt entouré d'un groupe de disciples désireux de mettre ses idées en pratique. Ils fondèrent une communauté à l'extérieur de la ville et partageaient une vie simple et heureuse.

Éviter la douleur et la peur

D'après Épicure, éviter la douleur est tout aussi important que la poursuite du plaisir. Cela s'applique autant à la douleur mentale qu'à la douleur physique. Nous ne pouvons pas atteindre le bonheur si nous sommes tourmentés par l'inquiétude, la peur, l'anxiété et l'angoisse. Épicure soutenait que deux des plus grandes causes des souffrances de l'homme sont la peur des dieux et la peur de la mort. Mais dans les deux cas, il considérait que nos peurs sont infondées.

Épicure considérait que nous n'avons pas à craindre les dieux, car même s'ils existent, ils n'interviennent pas dans les affaires des hommes. Par conséquent, nous ne pouvons pas encourir leur colère.

En outre, il pensait que nous n'avons pas à craindre la mort, parce que la mort entraîne l'anéantissement du corps et de l'âme. Il n'y a ni sensation ni conscience au-delà de la tombe, par conséquent aucune possibilité de douleur: « Le plus effrayant des maux, la mort, ne nous est rien: quand nous sommes, la mort n'est pas là, et quand la mort est là, c'est nous qui ne sommes pas! »

Certains ne trouvent pas consolation dans cette pensée, mais elle réconforta certainement Épicure. Il fut malade toute sa vie et mourut dans de terribles souffrances. Mais le jour même de sa mort, il écrivit à un ami: « C'est à l'heureux et dernier jour de ma vie que je t'écris cette lettre. Mes intestins et ma vessie continuent de me faire souffrir... Mais pour compenser toutes ces douleurs, je puise une grande joie dans le souvenir de mes entretiens avec toi. »

Le paradoxe d'Épicure

On pense généralement qu'Épicure est le premier philosophe à aborder la question du mal (la difficulté de concilier l'existence du mal ou de souffrir sur terre avec l'existence d'un Dieu bienveillant). C'est pourquoi, le problème du mal apparaît comme le « paradoxe d'Épicure ».

Dans son livre « Dialogues sur la religion naturelle », le philosophe écossais David Hume (1711-1776) résume admirablement le paradoxe d'Épicure:

« Si Dieu veut empêcher le mal, mais ne le peut pas, Il est impuissant. S'il peut empêcher le mal, mais ne le veut pas, Il est malveillant. Et s'il peut et veut le faire, d'où vient le mal ? »

LE PARADOXE DE L'HÉDONISME

Nous venons de vous présenter le philosophe grec Épicure qui pensait que le bonheur est le but ultime de la vie, et qu'on y parvient par la poursuite du plaisir, et en évitant la douleur. Cette doctrine philosophique s'appelle l'hédonisme.

La poursuite du bonheur

Pratiquement, le bonheur ne se trouve pas si facilement. Souvent, il semble que plus vous serrez fort, plus il vous passe entre les doigts. Comme le remarquait l'écrivain C. P. Snow : « La poursuite du bonheur est une expression ridicule : si vous poursuivez le bonheur, vous ne le trouverez jamais. »

Moi, Gary Hayden, je peux le confirmer avec un récit tiré de mon expérience personnelle. Il y a quelques années, ma femme Wendy et moi avons fait pris un congé de douze mois pour voyager. Nous avons quitté l'Angleterre et avons voyagé à travers les États-Unis, la Nouvelle Zélande, l'Australie, Singapour et la Malaisie. Rêve d'hédoniste : ce fut une année complète dédiée aux loisirs, au plaisir et à la culture.

Une chose inattendue se produisit. Au tout début du voyage, je m'aperçus que je passais mon temps à me tracasser sur mon bonheur. En admirant le grand Canyon, je me disais : « C'est l'une des grandes merveilles du monde, est-ce que j'en profite assez ? »

Ce fut la même chose à Uluru, Ayers' Rock en Australie, et aux sources thermales de Nouvelle Zélande. Aux chutes du Niagara, mon inquiétude faillit gâcher la journée.

Finalement, je pris la décision de ne plus analyser mes sentiments. Cela me demanda beaucoup de volonté, mais j'appris progressivement à diriger mon attention vers le monde plutôt qu'en moi-même. Quand nous sommes arrivés à la grande barrière de corail J'avais acquis la technique. J'ai passé la journée à me concentrer sur les coraux, les requins et les poissons plutôt que sur moi-même : ce fut une journée merveilleuse.

John Stuart Mill à propos du bonheur

La leçon que j'ai tirée de cette expérience est parfaitement formulée par le philosophe anglais John Stuart Mill (1806-1873) : « Demandez-vous si vous êtes heureux, et vous cessez de l'être. »

Ce commentaire prend toute son importance, venant de Mill qui était filleul et ancien disciple du philosophe Jeremy Bentham (1748-1832). Bentham était l'hédoniste par excellence. Comme Épicure, il assimilait bonheur et plaisir, et pensait qu'une vie heureuse, c'est simplement une vie où le plaisir excède la souffrance.

Il a même inventé un calcul « félicifique » : une méthode pour calculer la quantité de plaisir et de souffrance qu'une action particulière peut apporter. Cette approche est très attrayante. Elle fait croire que la poursuite du bonheur est rationnelle, logique, et (sous condition de calculs rigoureux) réalisable.

À première vue, John Stuart Mill avait beaucoup plus de raisons d'être heureux que la majorité des gens. Il était intelligent et cultivé, son éducation lui avait permis de connaître, comprendre et appliquer les principes de Bentham. Mais à l'âge de vingt ans, il traversa une période de dépression qui dura six mois.

Pendant cette période, l'approche du bonheur hyper-rationnelle, poursuite du plaisir/évitement de la douleur qu'il avait apprise auprès de Jeremy Bentham ne lui permit pas de sortir de sa tristesse. À vrai dire, c'est la poésie, celle de William Wordsworth, qui finalement le secourut : ce fut « le remède pour état d'âme » dont il avait tant besoin.

Après cette expérience, Mill réaffirma ses vues sur le bonheur. S'y ajoutait cette idée nouvelle : « Ne sont heureux que les hommes qui ont l'esprit fixé sur autre chose que leur propre bonheur : le bonheur des autres, le progrès de l'humanité, ou même l'art ou la poursuite… c'est en visant autre chose que les hommes trouveront le bonheur. » On rencontre souvent cette idée, que vous ne pouvez trouver le bonheur qu'en cherchant autre chose, sous le nom de « paradoxe de l'hédonisme » ou « paradoxe du bonheur ».

À MÉDITER

Faites une liste de ce qui vous rend heureux : par exemple, la pratique de votre sport favori, de votre hobby ou passe-temps, le temps passé avec vos enfants, les rencontres avec des amis, etc.

À présent, posez-vous la question suivante : faites-vous ces choses parce qu'elles vous rendent heureux ou êtes-vous heureux parce que vous les faites ?

Exercice 8

La décision et l'action

PROBLÈME

L'intolérance est intolérable. Il s'ensuit que nous ne devons pas tolérer l'intolérance.

Il s'ensuit également que nous devons tolérer l'intolérance, car il serait intolérable de tomber dans l'intolérance.

Nous ne devons pas tolérer ce qui est intolérable, mais nous devons aussi le tolérer, à moins de nous abaisser au niveau de l'intolérant et de commettre le même mal intolérable.

Prouvez que ce qui précède est une bêtise en déconstruisant les paradoxes qui s'y trouvent.

MÉTHODE

Pour être précis, tolérer quelque chose, c'est avoir quelque chose à y objecter et pourtant trouver que ça reste dans les limites du supportable et ainsi, malgré tout, l'accepter. La tolérance consiste donc en trois moments : une objection, une acceptation, et la position d'un seuil de tolérance. Chacun de ces aspects est nécessaire, et ils contiennent tous les trois un paradoxe. Tolérer quelque chose, c'est l'accepter. Mais si on n'a pas d'objection, on ne le *tolère* pas, on *l'accepte* purement et simplement. On doit considérer comme contestable (comme faux, donc) ce qu'on dit pouvoir tolérer. Ainsi, en *tolérant* quelque chose, nous acceptons quelque chose que nous considérons comme faux. Si nous pensons qu'il est juste de le tolérer (car ce mal entre dans les limites au-delà desquelles se situe le mal intolérable), alors nous pensons qu'il est mal de ne pas tolérer ce mal. Mais comment tolérer ce qui est moralement contestable, faux ? C'est tout le paradoxe de l'acceptation.

Considérons maintenant certains racistes qui pensent que leur race est supérieure aux autres et supprimeraient volontiers tous ceux qu'ils considèrent comme inférieurs, s'ils le pouvaient. Soit par impuissance, soit par peur des représailles ou de la prison, ces racistes s'arrangent pour se contrôler. Nous disons alors qu'ils tolèrent les autres et nous les encourageons dans cette tolérance. Mais devons-nous louer leur tolérance, alors qu'elle n'est que haine contenue par la prudence ? Leur tolérance n'est au mieux qu'une apparence. Paradoxalement, cela ressemble au renforcement d'une vertu par le renforcement d'un vice.

Un troisième paradoxe sur la tolérance vient de la nécessité de fixer une limite, d'imposer un seuil au-delà duquel se situe l'intolérable. Sans une telle limite, la tolérance n'est pas une vertu mais, au mieux, un relâchement, un laxisme qui n'a pas été mis à l'épreuve. Pourtant, fixer un seuil, c'est déjà être intolérant par principe. La tolérance comme vertu se contredit elle-même et s'annule dès qu'elle existe.

SOLUTION

Chacun de ces paradoxes est une illusion plutôt qu'un paradoxe authentique, et profite d'une confusion courante entre plusieurs sens du mot tolérance. Le paradoxe de l'acceptation est résolu en distinguant des raisons morales de différents ordres. L'acceptation et le rejet ont des coûts différents et ce qui est acceptable est une question de degré, de telle sorte qu'une situation peut être plus ou moins intolérable. Certains principes sont inviolables, d'autres sont révisables et leur violation – pour des raisons pratiques ou de principe – peut être acceptée. Ainsi, il n'y a pas de problème dans le fait d'accepter ce à quoi on objecte, tant qu'on n'accepte pas ou qu'on n'objecte pas pour les mêmes raisons (mais pour une raison supérieure).

Le paradoxe du raciste tolérant traite de l'objection inhérente à la tolérance. On doit objecter à ce qu'on tolère. En effet, plus ces racistes objectent, plus ils apparaissent vertueux. Ce contrôle de soi prend maintenant l'aspect paradoxal d'une tolérance chez l'intolérant, de vertu chez le vicieux. Et pourtant ce n'est pas, chez les racistes, une vertu éthique. Dans ces circonstances, la « vertu » n'est guère digne d'éloge. Ainsi, le raciste « tolérant » n'est vraiment tolérant que si la tolérance n'est pas une vertu éthique.

De plus, les vertus ne sont jamais simplement définissables seulement par un comportement, mais ont une condition inhérente qui, dans le cas de la tolérance, est remplie par le respect mais pas par la haine. Il peut être bon et juste d'empêcher l'expression de sa haine, mais ce n'est ni l'un ni l'autre si ce n'est fait que pour être encore plus haineux et intolérant dans le futur. Il serait en fait plus juste et moralement excellent de se débarrasser purement et simplement de la haine. Le troisième paradoxe implique la nécessité et l'impossibilité simultanées de définir une limite à la tolérance sans la franchir en même temps. Définir le tolérable, c'est situer le point au-delà duquel se situe l'intolérable. Mais ce paradoxe aussi se trouve résolu si l'on distingue le devoir (les principes qui ne doivent pas être violés) et la vertu (l'excellence morale). Les intolérants, en tant qu'ils violent les principes éthiques, ne doivent pas être tolérés, pas plus que nous ne tolérons d'autres manques au devoir. Mais les modalités de l'injonction à tolérer l'intolérable ne consistent pas en un devoir moral. Elles nous engagent à renforcer notre compassion et notre compréhension, en un mot, notre vertu.

INDEX DES PHILOSOPHES

Albert de Saxe
Dates: vers 1316-1390
Nationalité: allemande
Ouvrage célèbre:
Traité des rapports
Paradoxe en lien:
la poutre et les cubes infinis, p. 74

Aristote
Dates: 384–322 av. J.-C.
Nationalité: grecque
Ouvrages célèbres:
Éthique à Nicomaque, Métaphysique, De Anima
Paradoxes en lien:
discussion des paradoxes d'Eubulide, pp. 36–37

Saint Augustin d'Hippone
Dates: 354–430
Nationalité: né à Thagaste, aujourd'hui en Algérie
Ouvrages célèbres:
Confessions, La Cité de Dieu
Paradoxe en lien:
Préscience divine et libre arbitre de l'homme, pp. 152–153

Axelrod, Robert (penseur politique)
Dates: né en 1943
Nationalité: américaine
Ouvrage célèbre:
The Evolution of Cooperation
Paradoxe en lien:
le dilemme itéré du prisonnier pp. 158–159

Banach, Stefan (mathématicien)
Dates: 1892–1945
Nationalité: polonais
Ouvrage célèbre:
« Sur la décomposition des ensembles de points en parties respectivement congruentes »
Paradoxe en lien:
le paradoxe Banach-Tarski (le pois et le soleil), pp. 144–145

Bentham, Jeremy
Dates: 1748–1832
Nationalité: anglaise
Ouvrage célèbre:
Le Pouvoir des fictions
Paradoxe en lien:
le paradoxe de l'hédonisme, pp. 162–163

Bernoulli, Daniel (mathématicien)
Dates: 1700–1782
Nationalité: suisse
Paradoxe en lien:
le paradoxe de Saint-Pétersbourg, pp. 106–107

Bernoulli, Nicholas II (mathématicien)
Dates: 1695–1726
Nationalité: suisse
Paradoxe en lien:
le paradoxe de Saint-Pétersbourg, pp. 106–107

Buridan, Jean
Dates: vers 1295–1358
Nationalité: française
Ouvrage célèbre:
Somme de dialectique
Paradoxes en lien:
l'âne de Buridan, p. 134.
le pont de Buridan, p. 135

Cantor, Georg (mathématicien)
Dates: 1845–1918
Nationalité: allemande
Paradoxe en lien:
comparaison des ensembles infinis, pp. 78–79, 84, 86

Chrysippe
Dates: vers 280–207 av. J.-C.
Nationalité: grecque
Paradoxe en lien:
le crocodile de Chrysippe, p. 151

Cicéron
Dates: 106–43 av. J.-C.
Nationalité: romain
Ouvrages célèbres:
De la nature des dieux, De la divination
Paradoxes en lien:
réflexion sur Eubulide, p. 64.
la prescience divine et le libre arbitre humain, pp. 152–153

De Morgan, Augustus (mathématicien)
Dates: 1806–1871
Nationalité: britannique
Paradoxe en lien:
la démonstration de Morgan, pp. 68–69

Descartes, René
Dates: 1596–1650
Nationalité: française
Ouvrages célèbres:
Discours de la méthode, Les Méditations
Paradoxes en lien:
la nature du savoir, pp. 14–15, 17, 58 ; les impossibilité divines, pp. 142–3

Einstein, Albert
Dates: 1879–1955
Nationalité: allemande-américaine
Ouvrage célèbre:
La Relativité
Paradoxes en lien:
paradoxes sur les voyages dans le temps, pp. 122–127

Épicure
Dates: 341–270 av. J.-C.
Nationalité: grecque
Ouvrages célèbres:
Maximes capitales, Les Sentences vaticanes
Paradoxe en lien:
le paradoxe épicurien, p. 161

Eubulide
Dates: 4e s. av. J.-C.
Nationalité: grecque
Ouvrages célèbres:
De nombreux paradoxes nous sont parvenus grâce à Diogène Laërce
Paradoxe en lien:
l'homme chauve, le sorite et autres paradoxes, pp. 36-43

Euclide (mathématicien)
Dates: vers 300 av. J.-C.
Nationalité: grecque
Ouvrage célèbre:
Éléments
Paradoxe en lien:
le paradoxe du plus grand nombre premier pp. 72–73

Fermat, Pierre de (mathématicien)
Dates: 1601–1665
Nationalité: française
Ouvrage célèbre:
correspondance avec Pascal sur la théorie des probabilités

Galilée
Dates: 1564–1642
Nationalité: italienne
Ouvrages célèbres:
Dialogue sur les deux grands systèmes du monde, Discours concernant deux sciences nouvelles
Paradoxes en lien:
le paradoxe de Galilée et autres paradoxes sur l'infini, pp. 76–79

Gödel, Kurt
Dates: 1906–1978
Nationalité: austro-américaine
Paradoxe en lien:
le théorème de l'incomplétude de Gödel, pp. 62–3

Goodman, Nelson
Dates: 1906–1998
Nationalité: américaine
Ouvrages célèbres:
La Structure de l'apparence, Manières de faire des mondes
Paradoxe en lien:
la nouvelle énigme de l'induction, pp. 24–25

Gutberlet, Constantin
Dates: 1837–1928
Nationalité: allemande
Ouvrage célèbre:
Théodicée
Paradoxes en lien:
à propos de Cantor sur l'infini, p. 80

Hausdorff, Félix (mathématicien)
Dates: 1868–1942
Nationalité: allemande
Paradoxe en lien:
le paradoxe de Banach-Tarski, pp. 144–145

Hawking, Stephen (physicien)
Dates: né en 1942
Nationalité: anglaise
Ouvrage célèbre:
Une brève histoire du temps
Paradoxes en lien:
les lois gouvernant le voyage dans le temps, p. 128

Hegel, Georg
Dates: 1770–1831
Nationalité: allemande
Ouvrage célèbre:
La science dans la logique
Paradoxe en lien:
identité, p. 58

Hempel, Carl Gustav
Dates: 1905–1997
Nationalité: allemande-américaine
Ouvrage célèbre: *Études sur la logique de la confirmation*
Paradoxe en lien: le paradoxe de Hempel (le paradoxe des corbeaux), pp. 22–23

Héraclite
Dates: vers 535–475 av. J.-C.
Nationalité: grecque
Ouvrage célèbre: *Sur la nature*
Paradoxe en lien: le fleuve d'Héraclite, pp. 34–35

Hilbert, David
Dates: 1862–1943
Nationalité: allemande
Ouvrage célèbre: *Sur l'infini*
Paradoxe en lien: l'hôtel de Hilbert, pp. 82–83

Hume, David
Dates: 1711–1776
Nationalité: écossaise
Ouvrages célèbres: *Enquête sur l'entendement humain, Dialogues sur la religion naturelle*
Paradoxe en lien: paradoxe pp. 20–21

James, William
Dates: 1842–1910
Nationalité: américaine
Ouvrage célèbre: *Principe de psychologie*
Paradoxe en lien: le soi dialogique, p. 59

Landau, Edmund (mathématicien)
Date s: 1877–1938
Nationalité: allemande
Ouvrages célèbres: *Introduction à la théorie élémentaire et analytique des nombres algébriques et des Idéaux*
Paradoxe en lien: le paradoxe des deux enveloppes, pp. 102–105

Locke, John
Dates: 1632–1704
Nationalité: anglaise
Ouvrages célèbres: *Essai sur l'entendement humain, Lettre sur la tolérance*

Mill, John Stuart
Dates: 1806–1873
Nationalité: anglaise
Ouvrage célèbre: *L'utilitarisme*
Paradoxe en lien: le bonheur, pp. 162–163

Moore, G. E
Dates: 1873–1958
Nationalité: anglaise
Ouvrages célèbres: *Principes d'éthique, Réfutation de l'idéalisme*
Paradoxe en lien: le paradoxe de Moore, p. 12

Newton, Sir Isaac (physicien)
Dates: 1643–1727
Nationalité: anglaise
Ouvrage célèbre: *Optique*
Paradoxe en lien: le paradoxe du voyage dans le temps. 122–123

Nozick, Robert
Dates: 1938–2002
Nationalité: américaine
Ouvrages célèbres: *Anarchie, État et utopie*
Paradoxe en lien: paradoxe de Newcombe, pp. 154–155

Parménide
Dates: vers le 5e s. av. J.-C.
Nationalité: grecque
Ouvrages célèbres: *Le Poème*
Paradoxes en lien: paradoxes sur le mouvement, pp. 114–119

Pascal, Blaise
Dates: 1623–1662
Nationalité: française
Ouvrage célèbre: *Pensées*
Paradoxe en lien: le pari de Pascal, pp. 108–109

Platon
Dates: 428–348 av. J.-C.
Nationalité: grecque
Ouvrage célèbre s: *La République, Apologie de Socrate, Le Banquet, Théétète*
Paradoxe en lien: la nature de la réalité, p. 16

Quine, William van Orman
Dates: 1908–2000
Nationalité: américaine
Ouvrage célèbre: *Le Mot et la chose*
Paradoxes en lien: les failles de la référence, pp. 52–53

Reutersvärd, Oscar (artiste)
Dates : 1915–2002
Nationalité : suédoise
Ouvrage célèbre :
Le triangle de Penrose et autres objets impossibles

Russell, Bertrand
Dates : 1872–1970
Nationalité : anglaise
Ouvrages célèbres :
Histoire de la philosophie occidentale, Principia mathématica
Paradoxes en lien :
la théorie des ensembles et le paradoxe de Russell, pp. 114–115

Schopenhauer, Arthur
Dates : 1700 1860
Nationalité : allemande
Ouvrage célèbre :
Le Monde comme volonté et comme représentation

Singer, Peter
Dates : né en1946
Nationalité : australienne
Ouvrage célèbre :
Questions d'éthique pratique
Paradoxe en lien :
le dilemme du prisonnier, pp. 156–159

Socrate
Dates : 470–399 av. J.-C.
Nationalité : grecque
Ouvrages célèbres :
dialogues (écrits par Platon et Xénophon)

Stigler, Stephen (statisticien)
Dates : né en1941
Nationalité : américaine
Paradoxe en lien :
la loi de Stigler sur l'éponymie, p. 58

Tarski, Alfred (mathématicien)
Dates : 1901–1983
Nationalité : polonaise
Ouvrage célèbre :
« Sur la décomposition des ensembles de points en parties respectivement congruentes »
Paradoxe en lien :
le paradoxe de Banach-Tarski (le pois et le soleil), pp. 144–155

Tchouang-Tseu
Dates : 4e siècle av. J.-C.
Nationalité : chinoise
Paradoxe en lien :
le rêve du papillon, p. 16

Thabit ibn Qurra (astronome et mathématicien)
Dates : 836–901
Nationalité : arabe de Mésopotamie
Paradoxe en lien :
la nature de l'infini, p. 75

Wittgenstein, Ludwig
Dates : 1889–1951
Nationalité : autrichienne
Ouvrage célèbre :
Tractatus Logico-Philosophicus
Paradoxes en lien :
le paradoxe de Moore, absurde, p. 12 ; absurde, p. 135

Zé non d'Élée
Dates : vers 490–430 av. J.-C.
Nationalité : grecque
Paradoxes en lien :
paradoxe sur le mouvement, pp. 114–121

INDEX

RÉFÉRENCES BIBLIOGRAPHIQUES

Le plus souvent, nous n'avons pas donné les références précises pour ne pas alourdir la lecture. Elles sont données ici par ordre alphabétique et par chapitre.

Chapitre 1

Descartes, R. (1993), *Méditations métaphysiques*, Flammarion, GF

Fearn, N. (2003), *Zénon et la tortue*, Bréal

Hume, D., *Enquête sur l'entendement humain*, trad. André Leroy et Michelle Beyssade, Flammarion, GF

James, W. (2005), *La volonté de croire*, éd. Empêcheurs de penser en rond

Mage, B. (2001), *Histoire de la philosophie illustrée*, Le Pré aux Clercs

Platon, (2008), *Œuvres complètes*, Flammarion, GF

Russell, B. (1951), *Histoire des Idées au XIXe siècle*, Gallimard

Chapitre 2

Héraclite (2002), *Fragments*, trad. Jean-François Pradeau, Flammarion, GF

Platon, (2008), *Œuvres complètes*, Flammarion

« Paradoxe sorite » dans Wikipedia, l'encyclopédie libre sur internet.

Chapitre 3

Descartes, R. (1993), *Méditations métaphysiques*, Flammarion, GF

Gödel, K. (1997), *Le théorème de Gödel* (ouvrage collectif), Points, Points sciences

Hegel, G. (1998), *Phénoménologie de l'esprit*, trad. Jean Hyppolite, Aubier

Locke J. (2007), *Lettre sur la tolérance : Précédé de Essai sur la tolérance* (1667) et *Sur la différence entre pouvoir ecclésiastique et pouvoir civil* (1674), trad. Jean-Fabien Spitz, Flammarion, GF

Picard M. et Pierre-Bon C. (2008), *Ceci n'est pas un livre : Leçons de philosophie et jeux d'esprit*, Marabout

Quine, W.V. (2004), *Du point de vue logique : Neuf essais logico-philosophiques*, trad. Sandra Laugier, Librairie Philosophique Vrin

Russell, B. (1991), *Introduction à la philosophie mathématique*, Payot

Chapitre 4

Barrow, J. (2008), *Une brève histoire de l'infini*, Robert Laffont

Galilée (1995), *Discours concernant deux sciences nouvelles*, trad. Maurice Clavelin, PUF, repris de A. Colin, 1970

Russell, B. (1991), *Introduction à la philosophie mathématique*, Payot

Chapitre 5

Gardner, M. (1998), *La magie des paradoxes, Bibliothèque pour la science*

Pascal (2004), *Pensées*, édition établie par Michel le Guern, Gallimard, Folio classique

Chapitre 6

Barnes, J. (1998), « *Les penseurs préplatoniciens* », in *Philosophie grecque*, par Monique Canto-Sperber, Jonathan Barnes, Luc Brisson, Jacques Brunschwig, Gregory Vlastos, PUF, Premier cycle

Calle, C.I. (2008), *Un café avec Einstein*, Grund

Davies, P. (2007), *Comment construire une machine à explorer le temps ?* EDP Sciences, Bulles de sciences

Fearn, N. (2003), *Zénon et la tortue*, Bréal

Russell, B. (1997), *ABC de la relativité*, 10/18

Gregory, R. L. (2000), L'*œil et le cerveau*, De Boeck

Chapitre 8

Saint Augustin, *La cité de Dieu*, Gallimard, Pléiade

Épicure (1999), *Lettres*, Nathan, Intégrales de philo

Gardner, M. (1998), *La magie des paradoxes*, Bibliothèque pour la science

Hume, D. (2005), *Dialogues sur la religion naturelle*, Vrin

Mill, J. S. (1993), *Autobiographie*, Aubier

Russell, B. (2005), *L'art de philosopher*, Presses universitaires de Laval

Singer, P. (1997), *Questions d'éthique pratique*, Bayard

REMERCIEMENTS

Gary Hayden est écrivain, il vit à Ho-Chi-Minh-Ville, au Vietnam. Il est diplômé en physique et philosophie. Sa spécialité est de rendre des concepts philosophiques et scientifiques accessibles au commun des lecteurs. Ses articles ont paru dans des dizaines de magazines et de journaux dans le monde (notamment *The Times educational supplement*, *The Scotsman*, *Maxim*, et le quotidien le plus lu de Singapour, *The Straits Times*.)

Gary Hayden a écrit le chapitre 1 : Savoir et croyance, le chapitre 2 : Flou et identité, le chapitre 4 sur les paradoxes mathématiques, le chapitre 5 : Paradoxes probabilistes, le chapitre 6 : L'Espace et le temps et le chapitre 8 : La décision et l'action.

Gary Hayden remercie James Evans et James Beatie pour leurs commentaires, leur soutien et leurs coups de pouce ; Matt Pagett pour ses illustrations qui donnent à penser, et Michael Picard pour la rédaction des chapitres 3 et 7. Il remercie surtout sa femme Wendy qui a résisté à la tentation de divorcer ou de l'étrangler pendant qu'il écrivait ce livre.

Gary remercie aussi Dieu et Elvis.

Le Dr. Michael Picard est philosophe, formé au MIT. Auteur internationalement connu, il donne des conférences à l'Université de Victoria, au Canada. Connaissant bien la logique mathématique et la philosophie analytique, il a beaucoup enseigné la psychologie et la philosophie, autant que dans des programmes appliqués de direction et de gestion d'entreprise et d'environnement. Il a fondé à Victoria le Café Philosophie, qui se réunit toutes les semaines pour des dialogues philosophiques, qui existe depuis douze ans et qui a déjà dépassé les cinq cents séances.

Le Dr. Picard est aussi professeur attaché à la Royal Roads University à Victoria.

Michael Picard a écrit le chapitre 3 : Logique et vérité et le chapitre 7 : Impossibilités.

Il remercie James Evans et James Beatie, des éditions Quid Publishing.

Crédits

Illustrations © Quid Publishing.

page 17 (gauche) © Shutterstock | Kaspri

page 17 (droite) © Shutterstock | lvcandy

page 25 © Shutterstock | D.O.F

page 41 © Shutterstock | kavring

page 57 (en haut) © Shutterstock | Christian Delbert

page 57 (en bas) © Shutterstock | RTimages

page 59 © Shutterstock | andersphoto

page 70 © Shutterstock | Watthano

page 83 © Shutterstock | Nickolay Khoroshkov

page 94 © Shutterstock | Boule

page 95 © Shutterstock | kurhan

page 107 (gauche) © Shutterstock | anaken2012

page 107 (droite) © Shutterstock | SVLuma

page 121 © Shutterstock | kurhan

Drinevskaya Olga

page 129 (en haut/en bas) © Shutterstock | Nattika

page 129 (milieu) © Shutterstock | Wojtek Jarco

page 150 © Shutterstock | Ruth Black